後悔しない「年賀状終活」のすすめ

澤岡 詩野

まえがき

「終活年賀状」という言葉を聞いたことがありますか？　ここ数年でかなり認知され、実践する人も増えてきた終活年賀状は、これまで年賀状を出してきた方々に、「高齢のため、年賀状をやめさせていただきます」ということをお伝えするものです。

年賀状や暑中お見舞い、転居や結婚のお知らせ、喪中欠礼のお知らせといった「はがきでのごあいさつ」を印刷してくれるプリントサービスの会社でも、すでに終活年賀状の文例が用意されているそうです。つまり、それだけの需要があるということなのです。

実際に、行動範囲が狭まり体力が落ちていく高齢期に、年賀状を書き続けることに負担を感じる人は少なくありません。

確かに、シニア世代への聞き取り調査でも、年賀状がストレス源になっている状況が確認でき、終活のタイミングで年賀状をやめることは、理に適った判断と言えます。

ただその一方で、「年賀状をやめたものの、年末年始にさびしさや孤独を感じてしまう」「終活年賀状を受け取ったが、縁切り状をもらったような気分になって落ち込んだ」といった声も聞かれます。

高齢期は親しい友人や仲間との別れが増えていく一方で、新たに関係を増やしていくのは意外に大変な時期とも言えます。年を重ねるとともに、残された人間関係の維持が思いのほか大切であることに気づかされるものです。

そこで、年賀状をやめてもいいのか。人間関係の維持のために闇雲に出し続ければいいのか。そんなことを考える必要があるのです。

シニア世代の社会とのつながりについて研究している私は、シニアのみなさんが、高齢期を生き生きと過ごすためにどうすればいいかということを考えてきました。

「人とのつながりが少ない人は健康寿命が短い」というデータもあり、年賀状も人とつながるための手段のひとつと考えれば、軽々にやめてしまっていいものでもない、という気がしています。

人によっては、年賀状からの卒業が、その人の心身の健康に影響を及ぼすかもしれないのです。そういった年賀状がもつさまざまな可能性を、私たちはきちんと考えてから「年賀状をどうするか」について判断していく必要があります。完全にやめるのではなく、相手を絞り込んで続けていくという方法もあります。やめるのか続けるのか、続けるなら誰に出し続けるのか、その判断のサポートに役立てばうれしいという思いで、本書を書こうと考えました。

今年こそ年賀状をやめてサッパリしたい方も、大変だけれどやめたくない方も、自分らしい年賀状とのつき合い方を考える際に、この本が少しでもお役に立てば幸いです。

後悔しない年賀状終活のすすめ　目次

第1章　終活としての年賀状事情

01 近年の年賀状事情……012

年賀状の始まりと浸透……012

急速に減少する年賀はがき……017

年賀状に見る世代別傾向……024

シニアならではの年賀状との向き合い方……031

02 終活としての年賀状……035

そもそも終活とは……035

終活と年賀状……038

第2章　年賀状で確認する人間関係

01 人間関係の棚卸しをする高齢期 044
シニア世代の人間関係 044
男女差が出るシニアの人間関係 051
夫婦二人きりのひきこもりも 057
シニアのつながりと健康寿命 060
シニアにとっての年賀状の意味 069

02 年賀状の存在意義とは 072
年賀状の在り方を問い直してみる 072
年賀状の効用 076

第3章　ストレス源としての年賀状

01 多くの高齢者が口にする憂鬱 …… 082

年賀状の何がストレスをもたらすのか …… 082

年に一度のイベントでもストレッサーになる …… 089

02 ストレス緩和のために …… 097

立ち止まって整理をする必要性 …… 097

「相手があるもの」だからこそ留意したいこと …… 102

「年賀状をやめます」が相手のストレスになる可能性 …… 106

第4章　シニアの年賀状事情を知る

事例紹介 …… 112

年賀状の何がストレスをもたらすのか……112

01 高齢を理由にあいさつ状を出し、年賀状から卒業したケース……113
02 余裕のあるうちにあいさつ状を出し、年賀状から卒業したケース……117
03 年賀状を出す相手を厳選したケース……125
04 取捨選択を継続中のケース……142
05 あいさつ状を出さずに年賀状から卒業したケース……147

第5章　本当の意味での終活年賀状

01 自分なりの年賀状を考える……158
年賀状は、プライベートなもの……158
断捨離と年賀状……160

02

年賀状のハッピーなやめ方、ハッピーな続け方……164
マインドチェンジのすすめ……164
人間関係の整理のタイミング……168
人生のプロデュース……170

コラム① 年賀状メールはあるけれど、喪中メールはない!?……022
コラム② 「大変!」と言いながら年賀状を楽しむ人たち……095
コラム③ 終活年賀状をいただいても、こちらからは出し続けたいとき……108

第1章 終活としての年賀状事情

01

近年の年賀状事情

年賀状の始まりと浸透

「お正月」と聞いて多くの人が連想するイメージは、初詣やおせち料理、お年玉など、日本らしい風習の数々ではないでしょうか。

その中で、準備に多くの時間と労力が必要な年賀状は、良くも悪しくも私たちの意識の中に大きな存在感を示しているのではありませんか？

21世紀を迎えてから20年が経とうとし、令和の声も聞いて時代は移り変わっています。お正月の風習もどんどん簡素化され、日本らしさを失いつつあるこの頃ではありますが、シニア層にとっての年賀状は、まだまだ大きな関心事のひとつであると思います。

しかし、年賀状がなぜ出されるようになったのか、いつから始まったのか、その歴史をご存知の方は少ないのではないでしょうか。シニアと年賀状との関りについて考える前に、まずは「そもそも年賀状とは？」というところからひも解いていきましょう。

7世紀半ばに、権力を手中に収めていた豪族・蘇我氏を、後の天智天皇である中大兄皇子が討ちました。これをきっかけに行われた政治改革が、誰もが小学校の時に歴史で習った「大化の改新」です。そして、天皇家に権力を取り戻した天智天皇は、さまざまな改革を断行しました。

そのひとつが、「飛駅使」という伝令書を届けるための機関の設置です。これにより、日本で手紙のやり取りができるようになったと考えられています。

そして、その後の平安時代になると、年の初めにお世話になった人や親族の家をまわる「年始まわり」の習慣が、貴族の間で広まっていきました。

これは大正時代あたりまで、広く行われていました。

平安時代のこの年始まわりは「また新しい一年もよろしくお願いいたします」とあいさつにまわるものでしたが、遠方で直接うかがえない場合には、手紙を出してごあいさつに代えていたようです。これが、年賀状の原型です。

はたして平安時代のいつ頃から、こうした年賀状のような書状が存在したのか、はっきりとしたことはわかっていません。ただ、平安時代中期の学者である藤原明衡がまとめた手紙の文例集の中には、年始のあいさつの文例が収められていることから、平安時代前期には、書状での年始のあいさつが広がっていたと考えられています。

とはいえ、それはあくまでも貴重な紙を手に入れることができ、字を書くことができた貴族間での話。

庶民にまで広がったのは、街道の整備が進んで町飛脚制度が充実してきた江戸時代のことです。

明治時代になると、近代化を目指す日本に郵便制度が誕生し、年賀状はもっと広くやり取りされるようになります。さらに1873(明治6)年、郵便はがきが発行されるようになると、年賀状はより一般的なものとして浸透していきました。

さらに、お年玉付き年賀はがきが登場したのは、1949(昭和

24）年の年末のことで、1億8千万枚が発行されました。この時の特賞賞品はミシンで、その後も電気洗濯機、電子レンジ、ビデオレコーダーなど、時代の要望を反映した、庶民にとってあこがれの家電が賞品としてラインナップされ続けます。

その後は、好きな地方の特産品が選べるふるさと小包や、2014（平成26）年以降は、現金もお目見えします。賞品は時代のニーズや価値観を映す鏡ともいえるのではないでしょうか。

このお年玉付き年賀はがきの発行枚数は、その後、戦後の復興や人口増加により、どんどん増えていきました。1964年には10億枚を突破。高度経済成長期を経て、1973（昭和48）年には20億枚を超えました。ピークを迎えたのは2003（平成15）年で、約44億5936万枚でした。

急速に減少する年賀はがき

ところが、ピークを過ぎると年賀はがきの発行枚数は急速に減っていきます。2018（平成30）年には、約25億5930枚と、ピーク時から約19億枚も減ってきているのです。

そもそもの人口が減少しているので、当たり前といえばそうなのですが、ひとりあたりの平均枚数を比較しても、2003年には34．9枚、2018年には20．2枚と、15枚近くも減ってきているのです。

年賀はがきの減少を象徴的に印象づけたのは、プリントゴッコ（理想科学工業株式会社）の販売終了でした。プリントゴッコは家庭用の小型印刷機で、1977（昭和52）年に発売されると、年賀状を楽しく便利に作成できるツールとして人気を博しました。

1996（平成8）年には、累計販売台数が1000万台を超えます。しかし、年賀はがきの減少に比例してプリントゴッコの需要も減り、2008（平成20）年に、とうとう本体の販売が終了となりました。

こうした年賀はがきの減少の理由として考えられるのは、やはりインターネットの普及です。年賀状の発行枚数がピークとなった2003（平成15）年には、インターネットの人口普及率は60％を超えました。

おそらく、この頃からインターネットを使いこなす人が増えてきて、「年賀状も、はがきじゃなくてもメールで出せばいいのでは？」という新しい価値観が芽生え始めてきたのではないでしょうか。

この頃はまだ、インターネットを使う人の中にも、メールの年賀状を受け取ると「失礼だ！」と怒る人も少なくない時代でした。またオンライン上で情報の発信・共有・拡散ができるSNS（ソーシャルネットワーキングサービス：インターネットを介して人間関係を構築できるサービスの総称）はそれほど利用されていない時期で、人とのやり取りはメールが中心でした。

しばらくしてから、招待制の交流サービス、mixiが2004（平成16）年にサービスを開始し、日本にSNSを爆発的に広めました。

その後、TwitterやFacebook、LINE、Instagramなど、さまざまなSNSが登場して利用者が増えていきました。mixiは後発のSNSに押されて勢いを失いましたが、現代社会において、SNSは重要なコミュニケーションツールとしての地位を確立しています。

SNSは、メールよりもっと簡単に、一度に多くの人たちと連絡を取ることを可能にしました。それを受けて、新年のあいさつも、大勢の人たちに一度に発信できるSNSが年賀状に取って変わるようになったのです。

一人ひとりの顔を思い浮かべながら一枚一枚の年賀はがきにメッセージをしたため、住所を書いて（あるいは印刷して）投函する。そんな手間は、ＳＮＳがあれば一瞬でなくすことができるというわけです。

もちろん、誰もがメールやＳＮＳを使いこなせるわけではありません。しかし、若い世代を中心にどんどんインターネットを介したツールは浸透し、その分だけ年賀状の発行枚数は減っていっているのです。

また、年賀状の減少には、もうひとつ理由があると思います。それは、現代では個人情報の管理が厳しくなっていて、友人・知人・仕事関係の人の住所を知ることがなかなかできないということです。

学校や職場でも、個人の住所録が配られることはほぼありません。年賀状を出したいと思っても、相手の住所がわからないというジレンマがあるのです。

仕事で関わる方の職場に、年賀状を出すことはできます。でも、プライベートでは基本的に個人の住所は知らされず、知りたければ個人的に「教えてください」とお願いするしかありません。遠慮して聞きそびれたり、わざわざ聞くのも面倒くさかったりするので、これも年賀状の発行枚数減少の原因になっていることは否めません。

インターネットの普及と、個人情報の保護。

この二つのことが、年賀状の発行枚数を急速に減らしてきた大きな要因といえます。加えて、インターネットを介したコミュニケーションの中で成長してきた若い世代には、「はがきでの年賀状は１枚も出さない」「そもそも年賀状を出す習慣がない」という人もめずらしくありません。

これからますます、はがきが必要とされなくなっていくだけではなく、年始のあいさつをあえて送りあう文化自体がなくなっていくことも推測されます。

【コラム①年賀状メールはあるけれど、喪中メールはない!?】

インターネットの普及率は80歳以上になるとガタッと低くなるものの、シニア層にも確実に普及しつつあります。その中で、大多数がメールをコミュニケーションの手段として使っており、Ｆａｃｅｂｏｏｋで昔の仲間と交流するなど、ＳＮＳに挑戦している人も少なくありません。

そのため、年賀状を「年賀メール」や「年賀メッセージ」で代用するというシニアも一定数いて、今後はますます増えていくと思われます。

ただ、実際に年賀状を出すことをやめて、メールやＳＮＳでのみ年始のあいさつをしているというシニアの方にお話をうかがう中で、ひとつ困りごとがあるということを知りました。

それは、年賀はがきを出していないために、喪中はがきを受け取ることができなくなっているということです。

喪中はがきは、故人の交友関係を正確に知らない家族が、だいたい年賀状を元にした住所録などを参考にして出すことが多いものです。年賀はがきをやめて年賀メールにしていると、相手の住所録から自分が消えてしまっていて、喪中はがきをいただけなくなるというわけです。

年賀状をメールに置き換えることは、だんだん「ひとつの年始のあいさつの形」として受け入れられてきていても、喪中のお知らせをメールで済ませるというところまで、まだ時代が追いついていないのかもしれません。

実際に、友人が亡くなった時には、そのことは知らず、後から別の友人から聞かされたというお話をうかがいました。それは、なかなかさびしいことなのでしょう。

年賀メールは一般的になっていっても、さすがに喪中メールが一般的になるには、まだ時間がかかりそうです。

年賀状に見る世代別傾向

年賀状の世代別傾向を知るための、大規模な信頼できる調査がこれまでになかったため、世代別傾向をはっきりと語ることはできません。ただ、過去のインターネットによるリサーチや社会情勢、聞き取り調査の中で出てきた話などから、読み取れることはあります。

①若年層

インターネットを当たり前に使いこなす、いわゆるデジタルネイティブ世代。そのため、新年のあいさつもＳＮＳで済ませる人が多い傾向にあります。

年が明けた瞬間から、ＴｗｉｔｔｅｒやＬＩＮＥで「おめでとう！」を発信して、一度に多数の仲間たちにあいさつの言葉を送ります。中には顔も知らない何百人の相手にメッセージを送る若者も少なくないと聞きます。

つまり、年賀状を初めから「出さない」割合が多いですし、「出す」という人であっても、その枚数は少ないということがほとんど。はがきを出す文化が、この世代にとっては物めずらしいものになっているのかもしれません。

そんな「はがきって何？」という感覚の彼らが、あえて年賀状を出す相手は、親しい人。年賀状を出す行為そのものが特別なので、それをわざわざするということは、自分にとって大切な存在であるという証でもあるのです。

若年層の中でも特に若い、小学生から高校生ぐらいの学生だと、もっと気軽に住所を教え合って年賀状を送ることもあるようです。学校での人間関係を円滑にするツールと考えて、友だちとしての関係性を確認したり、仲間意識を高めたりするのではないでしょうか。個人差だけでなく、環境というか友人関係の雰囲気にもよるというところでしょう。

また、中学生ぐらいまでは家庭の方針でスマートフォンを持たせてもらえなくて、ＳＮＳを利用できないということもめずらしくありません。その場合はやはり、年賀状を出すことを選択する子も、少なからずいるようです。大晦日や元旦の忙しい時期に親がつき添って、住所を聞きそびれたクラスメートのポストに賀状を入れにいったという話も聞きます。

②現役世代

インターネットを使いこなすことができるため、プライベートではSNSで新年のあいさつを発信することも多い世代。ただインターネットを使えても、SNSであいさつを済ませずに、年賀状はきちんと出したいという人も混在しているようです。

また、普段からSNSでお互いの動向を知っているし、しょっちゅう連絡を取り合っているため、わざわざ新年のあいさつを交わさなくてもいいと考えている人も少なからずいます。そうすると、プライベートでは、せいぜい親戚関係や学生時代の恩師に年賀状を出す程度のようです。

もちろん個人差は大きいのですが、友人や仲間に数多く年賀状を送る人は、減ってきているようです。

特徴的なのは、プライベートはともかくとして、仕事関係で年賀状を出さざるを得ないケースが多いこと。若年層やシニア世代は、自らの意思で年賀状を送る相手を選択できますが、仕事絡みから逃れられない現役世代では、その選択をすることができません。

虚礼廃止を掲げて「年賀状を出す必要なし」としている会社もありますが、やはり取引先からいただけば無視するわけにはいかない。営業面でメリットを感じれば、自腹でも出すのは当然のことといえます。自営業やフリーランスであれば、年賀状はご縁を広げるために欠かせないものかもしれません。

このように、現役世代がもっとも〝社会通念〟として年賀状を出している世代だと考えられます。自分の人間関係というより、その人の社会的な立場によって年賀状の枚数が左右されるとも言えます。

傾向をつかみづらいのが、専業主婦層です。夫と連名で出している場合は別ですが、個人の場合、親戚などの血縁関係をのぞけば、社会通念として年賀状を出す必要はありません。その分、自分の人間関係に対する考え方や実際のおつき合いの仕方がそのまま反映されることになります。

主婦の人間関係は、家庭が中心で、外での人間関係にまったく興味がない人から、地域活動や習い事で人とのつながりを広げる人までさまざまです。おそらく、まったく出していない人もいれば、夫以上に出している人まで、その幅は広く、本当に「人それぞれ」といえることでしょう。

③シニア世代

シニアにとって、インターネットは自分の人生の後半に登場したものです。「インターネットがあって当然」よりは「なくても困らない」という価値観なので、コミュニケーションといえば「直接会うこと」や電話、手紙が前提となっています。

そんなシニア世代でも、インターネットを使う人の中で電子メールを利用する人は、７割以上となっていますが、ＳＮＳとなると利用率はグッと減ります（総務省平成30年版情報通信白書より）。シニアと呼ぶにはまだ早い60代で３０・７％、70代で１６・５％、80代で２１・１％です。

このようなＳＮＳの利用状況では、本人はＳＮＳで出したくても、年齢の近い友人や仲間が使っておらず、やり取りが成り立たないことが多くあります。結果として、当然ながら新年のあいさつは、はがきでのやり取りが中心になります。年賀状を「出す」という人の割合が高く、出す枚数も多いのが特徴です。

ただし、引退後は、仕事関係の年賀状からは解放され、だんだんと大事な人間関係のみを残す方へと舵を切っていきます。このタイミングで年賀状の枚数を減らしたり、「年賀状から卒業する」という決断をする人も少なくありません。これが俗にいう「終活年賀状」を出す人の生活におきている変化といえます。

シニアならではの年賀状との向き合い方

現役世代は仕事や育児を介した人間関係が目の前にあり、悩みはあるとしても、そこに役割もあるため、年賀状の枚数や誰が送ってこなかったかは、それほど気にならないと思います。

それこそＳＮＳで代用してもいいし、「面倒くさい」とは言いながらも、慣例として年賀状を準備し、不義理のないように出せばいい。その程度の感覚です。

しかし、シニア世代になれば状況は変わります。身近な人の中で亡くなる人が出てきたり、つき合いが薄くなる人もいたりで、リアルな人間関係は縮小していきます。

育児からの卒業や仕事からの引退で、役割を果たすことで得ていたアイデンティティを見失う人も少なくなく、自分を認めてもらえる今までの人間関係を大切にしたいという想いが強くなります。一方で体力も衰えてくるので、長距離での移動をしなければ会えないような友人や仲間と積極的に会うといった行動を取ることが億劫になるため、ますますリアルな人づき合いから離れていくのです。

だからこそ、年賀状が意味をもつのです。直接会うことはなかなかできないけれど、年に一度はお互いの存在を想い合う。相手を認め、自分も相手に認められていることを確認したい、儀式のようなものとも言えます。

特に現役時代に仕事関係でたくさんの年賀状をやり取りしていた男性の場合、第一線から退いても、「まだ○○枚年賀状が来る」ということは、自分の社会的ステータスを確認できる貴重な機会にもなっているという話も聞きます。

もう人間関係を広げようとは思わないけれど、それまでの自分にとって近しい人は誰なのか、自分を近しいと思ってくれている人は誰なのか、年賀状を通して考える機会にもなっています。

年賀状は、単なる新年のあいさつではなく、自分という人間がどのような人間関係の中で生きてきたかの総括になるのです。やはり、受け取る数が多ければうれしい。

そのため思い入れが強く、はがきの表も裏も手書きにこだわったり、誰から届いたかを名簿でしっかりチェックしたり、かなり神経を使いながら、こちらも多くの人に出し続けようとします。

すると、当然のことながらそういった行為が負担にもなってきます。多少なりとも縁のあった人たちに出す年賀状だから失礼のないようにと、時間をかけて準備しようとしますが、体力的には年々厳しくなっていくからです。

シニアの多くの方たちは、手の込んだ年賀状を用意するという面倒くささを自ら引き受けながら、「負担に感じる」「毎年、憂鬱になる」といったネガティブな感情にも悩まされます。真面目な性格のシニアほど、この傾向は強いようです。

折りしも、終活を意識するようになり、自分の日常の整理をしたくなる時期。そのネガティブな部分が大きくなっていくと、「もう年賀状から卒業したい、やめてしまいたい」という気持ちも芽生えるわけです。

年賀状を大切に想うからこそ、負担になってしまう悪循環の中で、いかに年賀状と向き合うべきなのか。迷ったり決めきれなかったりするシニアのみなさんは、数多く存在します。

そんな方々には、他のシニアの年賀状事情を知ることは、ご自分はどのようにしていこうかと考え、納得できる年賀状とのつき合い方を見つけていただく一助になるのではないでしょうか。さらに、これからシニアの仲間入りをする方々にとっては、来るべき時間に向けた備えになるともいえるはずです。

02 終活としての年賀状

そもそも終活とは

現代は「人生100年」「大衆長寿社会」と言われ、すべての人がいかに生きるかを問われる時代となりました。今のシニアは、人生70年、80年とも言われた、これまでのシニアにはなかった悩みを抱え、ロールモデルがないだけに迷っている人も多いのです。

そこで、「終活講座」に人が集まるわけです。終活講座に、自分の人生終盤の生き方の答えがあるように感じるのでしょう。
終活とは、「死と向き合い、最後まで自分らしい人生を送るための準備のこと」です。
まさに、自分がいかに生きるかを問うものだといえます。

ところが、実際に「終活講座」で取り上げられるテーマは、葬儀や墓、相続などが中心で、どちらかと言えば「いかに生きるか」よりも「いかに死ぬか」にフォーカスする内容となっています。
そして、「いかに死ぬか」を整理するためのエンディングノートが売れていて、生年月日や血液型などの基本情報、連絡先リスト、自分史、財産（貯蓄や証券など）、保険、年金、介護における希望、終末医療についての考え、葬儀、墓、大切な人へのメッセージなどを書き込んで死に備えます。

自分の人生の最期を見据えて、いかに身軽になるか、どうやって日常を簡素化していくかということに、多くの人が意識を向けています。その流れの中で、食器や衣類などの持ち物をどんどん処分し、必要最小限のものだけに囲まれて余生を送るべく、いわゆる断捨離をするという考え方もすっかり定着しました。

その一環で、人とのつながりや活動も断捨離しようとする人も少なくありません。たとえば、年賀状からの卒業もそのひとつです。それでスッキリする人もいれば、簡素化し過ぎた生活を後悔する人もいます。

若い頃にくらべて、放っておいてもさまざまなことが縮小していく高齢期、シンプルな暮らしは、思いのほかさびしいものなのかもしれません。

特に人とのつながりを失ってしまうと、生きるモチベーションを保つのは難しいということは想像に難くありません。一方で地域活動や習い事で仲間をつくるなど積極的に社会参加をしている人は、健康に長寿を全うできる割合が高いと言われているのも納得です。

ですから、長寿社会を生きる現代のシニアのみなさんには、もっと生きることにフォーカスした本当の意味でも「生きるための終活」を実践していただきたいのです。

「終活講座」で死に方を考えることも大切ですが、「いかに豊かに生きるか」を考えることの方が、現代の長寿社会を生きる私たちにとっては重要です。

終活と年賀状

では「いかに豊かに生きるか」という視点で終活をするとしたら、年賀状はどうしたらいいのでしょうか？

それは人それぞれであり、一律の答えはありません。
ただ、少なくとも「面倒くさいからやめる」とか「不義理に思われたくないからこのまま続ける」と安易に決めると、何かしらの不満をずっと抱え続けなくてはなりません。そうならないように、きちんと考えることは必要です。

シニア世代は、年賀状でそれまでの人生で積み上げてきた人間関係のつながりを確認しています。そしてその人間関係をゆるやかでも続けていくための手段として年賀状をとらえています。また一方で、毎年決まった時期に追い立てられるように年賀状を準備することに疑問を感じていることも確かです。

理想的なのは、年賀状とストレスなくつき合うことではないでしょうか。もし年賀状を出すことで、自分がストレスを感じている部分があるのなら、それを少しずつ消していくことも、残りの人生を豊かにするためには必要なことです。

たとえば年賀状を儀礼的に出すことにストレスを感じているなら、個人的なつき合いもさほどない人には出さない。枚数が多いことがストレスになっているのなら、よく連絡を取り合って日常的に接している人には出さない。手間をかけることがストレスなら、手書きにこだわっていたけれど、宛名は印刷にする。

こんなふうに自分のストレス状況をよく見極めて、対応していくと気持ちがラクになるはずです。こうしたストレスについては、第3章で改めてお話しします。

最近は、シニア世代になってもそのまま現役世代に出していたのと同じように、年賀状を出す人は少なくなっています。枚数を減らすか、スッパリと年賀状から卒業する人がほとんどです。

高齢などを理由に、年賀状を送ることをやめる。その自分なりの決意を相手にお知らせし、これまでのお礼やごあいさつを最後の年賀状にしたためる。そんな年賀状は「終活年賀状」とも呼ばれ、今では多くのシニアの方々に認知されています。

インターネットで調べれば、終活年賀状の文例はたくさん出てきますし、はがきのプリントサービスを請負う印刷会社でも、終活年賀状のフォーマットが用意されるようになりました。

こうして年賀状をやめる、あるいは減らすことに抵抗感はなくなってきています。そしてそのさじ加減は、その人次第です。以前なら、年賀状を出さないことに罪悪感があったかもしれませんが、もうそういう時代ではありません。

終活は、自分の残りの人生をどうプロデュースするのかを考える作業です。そこに年賀状も組み込み、「どうやって年賀状を整理して人生を終えるか」ではなく、「どうやって年賀状を整理すれば、残りの人生を生き生きと豊かに過ごせるか」という視点を、この機会にぜひ意識してみることをおすすめします。

第2章
年賀状で確認する人間関係

01

人間関係の棚卸しをする高齢期

シニア世代の人間関係

第1章でもお話したとおり、シニア世代の人間関係は縮小していきます。しかも、近しい大切な人から減っていく。

それはなぜなのか、人間関係をカテゴリーに分けて見てみると、「なるほど」と思える理由があります。

①家族・血縁者

自分の親・兄弟・配偶者は、自分より年上だったり年齢が近かったりするため、体力が衰えてあまり会えなくなりますし、亡くなってしまうこともあります。

子どもは独立し、家を離れていく。現代の日本において、子どもの世帯との同居家庭は少なく、子どもが仕事の都合や家庭の事情などで遠方にいるケースも多々あります。

親兄弟を失っても代わりはいませんし、配偶者に先立たれても、簡単に再婚ができるわけでもない。つまり、替えが利かない人間関係になります。ですから、減っていけば増えることはまずなく、そのまま縮小する一方です。

また血縁者は、体力が落ちてきた時の世話や介護などの「手段的サポート」を担ってくれる大切な存在ですが、相手の状況などによっては、実際にサポートしてもらえる存在にはなり得ないこともめずらしくありません。

②幼なじみ・友だち

シニアにとっての友だちとは、ここ最近で出会った人たちではなく、長い時間を重ねてきた中で残った人間関係の中にいる人たちです。出会ったきっかけは、近所でよく遊んだ幼なじみ、学校が一緒だった、長い間一緒に仕事をしたなどが挙げられます。

そうして出会ったたくさんの人のうち、ごく一部の価値観の近い人が、共通の経験を重ねることで、特に親密な相手、「友だち」として残っていくのです。中には、故郷を離れてから、就職してから、退職してから会うのは、1年に数回程度、という相手も少なくありません。

それでもつながっているのですから、ご自身にとっては、本当に大事な存在なのだと思います。「友だち」は、ひとりいなくなったからといって誰かを補充するなど、簡単には増やすことができにくい存在です。

こうした人々は家族や血縁者の次に親密の度合いが高く、介護のような「手段的サポート」をお願いすることはできなくても、相談事などの「情緒的サポート」においては家族や血縁者よりも頼りになる存在とも言われています。家庭や仕事の悩みを家族に相談することはしたくない、でも友だちなら腹を割って話せるという方も多いのではないでしょうか。

とはいえ、同年代であることが多く、一緒に歳を重ねる分、実際に会うことが難しくなったり、亡くなる人も少しずつでてきます。友だちは家族・血縁者と同じで、歳を重ねるほどに大切な存在になっていく。一方で、残念ながら縮小していかざるを得ない人間関係ともいえます。

③同級生や先輩・後輩、職場の同僚や上司・部下

卒業や退職を機に、多くの人と会う機会は減少します。同期会や

OB・OG会に出てこなくなる人も少なくなく、一生会う事のない人の方がたくさんなのではないでしょうか。

学校や職場という組織の中では、特に親しくなくても、気が合わなくても、一緒に何かの活動に取り組む機会が多々あります。同じ時間を過ごすことで名前を憶え、話すようにもなりますが、卒業や退職をすればそれまで。儀礼的に年賀状を出すのが関の山、あえて会ったりするおつき合いは自然消滅していくのが常ではないでしょうか。

④ご近所

結びつきの強い地域もありますが、都市部では関係性が希薄です。特に男性は、退職してからご近所で新しい人間関係を築こうとする意識に欠けており、ご近所づきあいは「あいさつ程度で十分」と考える人がほとんどです。

長く同じ場所に住んでいる人たちは交流する場合もありますが、どちらかと言えば「気が合うから」というよりも「物理的に近いから」「体操サークルでたまたま一緒だから」という理由で、友だちに感じるような親密さがあるとは限りません。

そして、やはりご近所の中でも同世代で交流することが多いため、高齢になるにつれて家にこもりがちになり、疎遠になることが考えられます。

このように、高齢期は親密で替えの利かない人間関係から縮小していきます。手段的サポートも情緒的サポートも手薄になっていくため、孤独を感じやすくなってしまうのです。

物理的に近いご近所は、心を許しておつき合いをする関係にはなかなかなりにくく、大切な人間関係としてとらえるには物足りなさを感じます。

では、シニア世代が新たな人間関係を築くことはないのでしょうか？　それは、本人の意志や価値観に加え、70代前半くらいから顕著になる気力や体力の低下の度合いにもよります。60代で、すでにとじこもる人もいれば、１００歳でも若い仲間とスポーツを楽しむ人がいる。千差万別といえます。

新たな関係を築くきっかけとして一番多いのは趣味のサークルやボランティア活動が挙げられます。興味関心が同じ、さらに住んでいる場所が近ければ、一気に心の距離も縮まります。ただ、これも千差万別で、5年も通っているのに誰とも話さない人もいれば、初めての参加でお茶に誘われる人もいて、あくまで、ご自分の気持ち次第といえます。

こうした趣味や関心でつながる仲間や知り合いというのは、多くの場合は、それ以上を求めない気楽な関係です。楽しくおしゃべりはするけれど、踏み込んだ話はしないという大人のつき合いは、酸いも甘いも咬み分けてきたシニアだからこその距離感ともいえます。気心が知れた親しい人間関係は、縮小して増やすことはできなくても、「一緒にいて楽しい」程度の仲間であれば、増やすことはできるのです。

男女差がでるシニアの人間関係

このようにシニア世代の人間関係を考察していくと、男女差が顕著であることに気づきます。

親しい人間関係から縮小していくのは同じでも、ご近所づきあいや仲間づくりにおいては、圧倒的に女性の方が得意です。

今のシニア世代の女性は専業主婦も多く、好むと好まざるとに関わらず、ご近所づきあいをこなしてきました。子どもがらみのおつき合いも多いものです。

一方で、退職後の男性は、今までほとんど接点のなかったご近所づきあいにいきなり飛び込んでいくというわけにもいかないようです。趣味のサークルやボランティアに参加するのも、ほとんどが女性。男性でもシルバー人材センターに登録したり、地域活動に参加したりする人はいます。しかし、それは現役時代から地域と接点をもっていたり、奥さんやご近所の誘いに乗ることができた一部の人たちで、一般的な男性の姿とは言えません。

多くの男性は、会社や大学の同期会やOB会に参加するのがせいぜいで、地域の中で人間関係を築けない、築こうとはしないようです。

退職した男性は、たとえ何かの活動に誘われたとしても、現役時代の常識が通じない地域に入ることへの不安から、「忙しい」「体力に不安がある」と言いわけをして、自ら出ていかない人も多いのです。

本当にそんなに忙しいのか、身体に問題を抱えているのかといえば、本当のところはそうではありません。もちろん、誘う側もそれほど無理なことをシニア世代に求めているわけではなく、地域でいえば若手の60代や70代に少しでも出てきて欲しいと願っているのが現状といえます。

結局、出て来ない人たちは、地域の中で目立っている町内会長やボランティアの人たちの姿を見て、「自分にはできない」と決めつけてしまっているだけなのです。そうやって決めつけて動かないうちに、何かしたいという気持ちも低下してしまい、そのままテレビと散歩が日課の毎日に突入してしまうのです。

一方で、そんな夫とは対照的にサークルや地域活動に忙しく飛びまわる妻は、いつも家にいる夫に疲れてしまいます。中には妻の行く先について来る夫もいます。そんな行き場のない夫たちの様子を揶揄した言葉が「ぬれ落ち葉」です。

この男女の違いは何なのでしょうか。保守的な男性と、好奇心の強い女性という、もともとの性質の違いとも言えますが、これまでの年月の過ごし方の違いによるところも大きいと思われます。

あくまでも一般論ですが、現役時代の自分の立場に対するプライドを持ち、なかなか新しい世界に踏み出せない男性と、主婦としてご近所や子どもの学校でのおつき合いをこなしてきた女性。その違いなのではないでしょうか。

ほとんどの男性は、職場という同質性の中で30年も40年も過ごしてきたわけですから、今さら新しい環境に入っていくのが億劫なのです。定年退職をしたからといって、急に多様な人間関係に飛び込む気にはなれない。

一方、主婦業を主に担ってきた女性は、ＰＴＡや地域の清掃作業などでさまざまな人と関わることに馴れています。パートでいろいろな職場を体験するなど、コミュニケーションスキルが磨かれる機会は男性より多いでしょう。

しかし、これからは、夫婦の在り方も、単に「働く夫と主婦の妻」という図式ではパターン化できなくなっていきます。男性もどんどん育児に参加し、「パパの会」のようなグループで職場以外の人と触れ合う機会をもつこともあるでしょう。一方の女性は、結婚や出産を経ても仕事をやめない人が増えており、ほとんど地域に関わる時間のないまま退職を迎え、男性同様に、人間関係は現役時代の延長という人も少なくありません。

さらに最近では、結婚しない、生涯未婚という生き方も選択肢のひとつとして受け入れられるようになってきました。終の棲家である地域との距離感に悩む定年退職者の話は、これまでは男性を前提に語られてきましたが、女性は寿命が長く、高齢期の時間も長いだけに、もしかしたら、今後はこちらの方が深刻な問題になるかもしれません。

実際、独身でずっと仕事を続けてきた女性が、退職後に地元の趣味のサークルに入ってみたものの、馴染めずにすぐにやめてしまったという話を聞いたことがあります。みなさん親切で、何かイヤなことをされたわけではないのですが、どうも、価値観が合わなかった。「もう仲間づくりをする気はない。昔の友だちや元の同僚とのつき合いで十分！」と彼女は言っていました。

生涯未婚、子どものいない共働き世帯、離婚を選択する夫婦の増加など、家族の在り方は今後大きく変わっていきます。高齢期の人間関係のあり様も多様化していく中で、自分が誰とつながりたいのか？「人間関係の質」がますます問われる時代になっていくのでではないでしょうか。

夫婦二人きりのひきこもりも

また、最近目立つようになってきたのが、夫と妻と二人だけで家庭の枠の中に収まってしまい、周囲とはほとんど触れ合わずに閉鎖された日常生活を送るご夫婦です。二人きりの閉じた世界の中にいて、「今のところ体力に問題はないし、行政の手を借りる必要もないし、話相手には妻（夫）がいるし、それでいいや」と地域に埋没してしまう。

こういうご夫婦は、夫への遠慮で妻が一緒に閉じこもっているケースもありますし、夫婦ともに社交的ではないので、二人だけでいる方が心地良いと感じているケースもあります。

一見、何の問題もないように思えますが、社会から隔てられたまま、もっと高齢になっていった時は心配です。お互いだけを頼りに生活してきたものの、高齢でサポートし合えなくなってくる。どちらかが先に亡くなると、遺された方はますます孤立していきます。

それまでは、二人で何とか生活をしてこれたので、いざどちらかがひとりになった、という時になっても、リスクを察してくれる他者がいないのです。

このように、これまで大事にしてきた親しい人たちとは物理的な距離ができ、亡くなる人も出てくるのが高齢期です。

サークルや地域活動に出ていけば、もしかしたら気の合う仲間くらいには出会うことができる。それがわかっていても、億劫に感じて踏み出せない人も多い。

その結果、減っていく親しい人たちとのおつき合いを大事にしたい、会えないけれどつながりを確かめたいと考えるようになっていきます。

ただ、小さくなっていった人間関係の中で生きることが孤独で不幸なのかと言えば、そうとも限らないのが興味深いところ。かえって、ポジティブで充実した暮らしができるようになるとも考えられるのです。

どういうことなのかは、スタンフォード大学の心理学者LauraL・Carstensenが提唱した「社会情動的選択理論」によって説明できます。

この理論によると、人は「人生の時間に限りがある」と認識した時に、喜びや安心といったポジティブな感情を高める行動を選択するようになるそうです。それが、交流する相手を慎重に選択することにつながり、縮小した人間関係の中で満足感を得ることになる。

ですから、一見、外側から見ると縮小した人間関係に見えても、本人たちは、そこに孤独感や不満感をもっていないと考えられます。

確かに、シニアのみなさんと接する機会が多い私にも、コミュニケーションの機会は少なくても楽しそうに日々を送られている方がたくさんいると感じられることは多いです。たとえば、実際に、会うのは年に1回程度、けれども現役時代にプロジェクトを成功させた心の友ともいえる元同僚が2人いる。他に深くつき合う人はいないけれど、この元同僚が心の支えになり、楽しく日々を送っている。そんなシニアに出会うことが少なくありません。

シニアのつながりと健康寿命

シニア世代は人間関係が縮小しても、意外に孤独も不安もなく暮らしている……。

しかし、「それなら良かった!」と単純には言えません。それは、「健康寿命」というものを考えた時には、人や社会とのつながりが重要な位置を占めているからです。

ライフスタイル別に、長寿への影響がどの程度あるかを調査した国内外の論文があります。そのひとつの結果を示した図（62ページ）をご覧ください。

長寿への影響が大きいのは、「社会とのつながりの種類や量が多い」と「社会とのつながりを介して受け取る支援が多い」の二つだというこことがわかります。

この結果は、学者だけではなく、運動や食習慣改善などを中心に介護予防を進めていた現場の福祉の専門職たちにも大きなインパクトを与えました。

一般的にはタバコやアルコール、運動不足などの生活習慣が長寿を阻害し、それらを控えることが長寿への道だと考えられがちです。

しかし、それよりもずっと、「社会とのつながり」による人間関係

ライフスタイル別
長寿への影響の比較

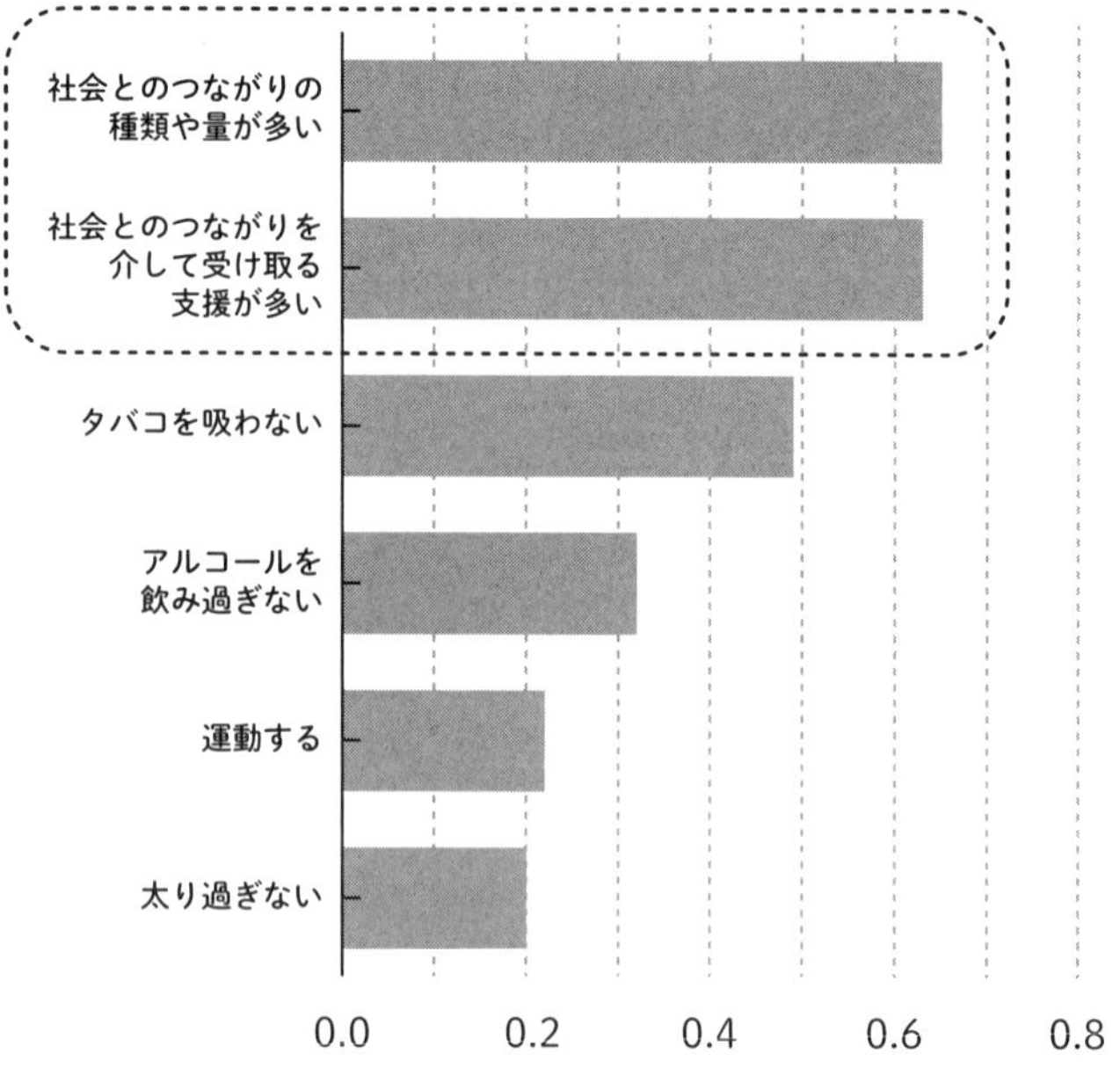

数字は1を最大として
死亡率に与える影響の大きさを表しており、
数字が大きいほど死亡のリスクが
軽減することを意味する。

(出典)
Holt-Luistad J,Smith TB,Layton JB.Social relationships and morality risk:A meta-analystic review.Plos Medicine 2010:7(7):e1000316(論文より著者が図を作成)

が大切だということを、この研究は証明してみせたからです。

確かに、タバコよりアルコールより人間関係が大切だとは、意外に思われる方も多いのではないでしょうか。

この研究から言えるのは、「大事な友だちが亡くなった今は、人間関係で無駄に心をすり減らすより、ひとりでいた方が気持ちも楽」と心を閉ざすのではなく、ちょっと億劫でも、新たなつながりを持った方が、健康寿命にいい影響を与えるということです。

しかし、だからといって単にその数を増やせば良いのではなく、ストレスにならない距離感や気の合う相手であることが重要です。

新たな関係をつくるのに気力も体力も追いつかないという方は、これまでの関係を思い浮かべ、改めてつながりたい相手を探し出すのも良いでしょう。

人と接することで心身を活性化し、高齢になるにつれてできないことが増えていく中でも、気軽に相談したり、ちょっとした手助けをお願いできる誰かがいることは、とても重要なのです。

このような人間関係は、寿命が延びるとともに長くなる「フレイル」と呼ばれる時期を考えるうえでも重要なキーとなってきます。「フレイル」とは虚弱を意味する言葉です。もう少し詳しく説明すると、フレイルは「加齢とともに心身の活力が低下して要介護状態や死亡などの危険性が高くなっているが、適切な介入・支援があれば生活機能の維持向上が可能な状態」のこと。

人は確実に老化していきます。ただ、老化の始まりや速度には個人差があって、早く虚弱状態になる人も、かなりの高齢まで頑張れる人もいる。

先ほどのつながりと健康寿命の研究結果をあてはめると、フレイルを迎えたときに気の合う相手がいれば、その人に相談をしたり、手助けをお願いできるだけではなく、老化の速度をゆるやかにできるともいえるのです。

高齢者の自立度を調査し、そのパターンの変化をグラフ化したもの（66ページ）があります。

これを見ると、70歳前の早いうちに亡くなったり重度の介助が必要になる人と、90歳ぐらいまで自立を維持する人たちはいるものの、それ以外の男性の約7割、女性の9割弱が、72、73歳から徐々に衰え始めていくことがわかります。多くの人にとって、72、73歳がフレイルが始まる年齢といえます。

この時期に、社会や人とつながり、自立度が低下していくグラフのカーブをいかにゆるやかにしていけるか。そこを意識していくことが、シニア健康状態のキープにはとても大事なのです。

自立度の変化パターン
～全国高齢者20年の追跡調査～

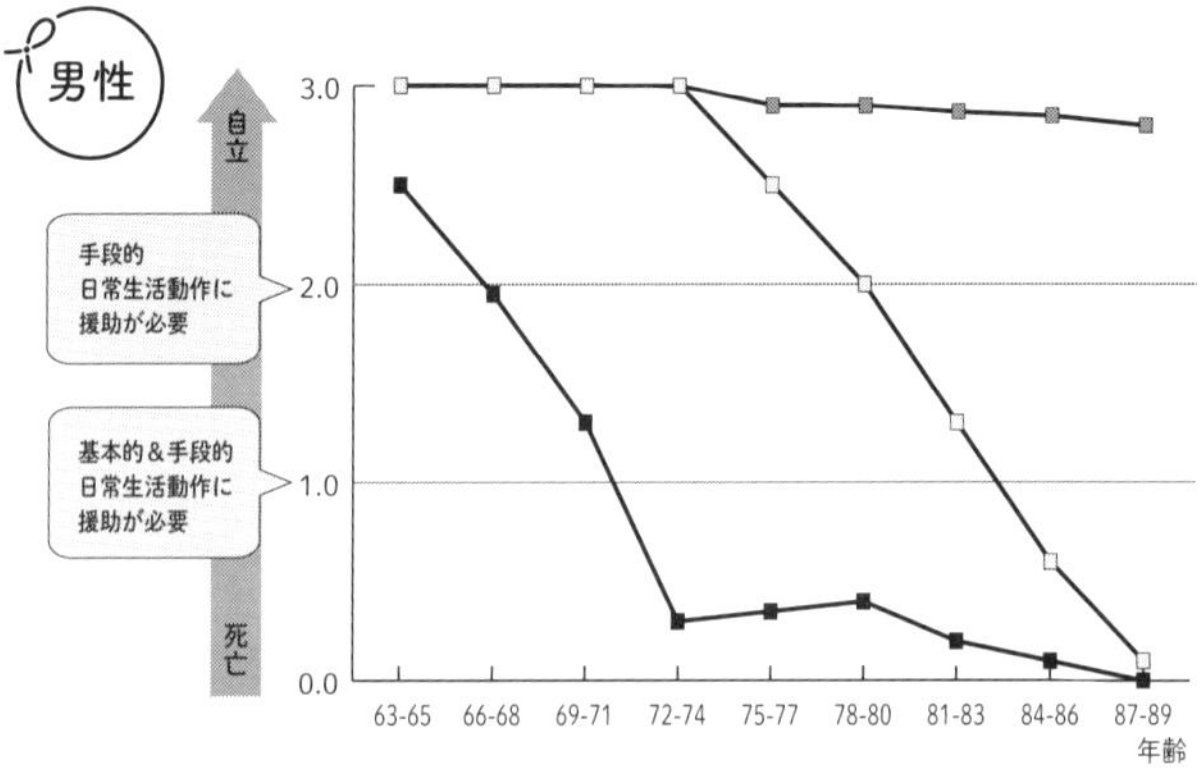

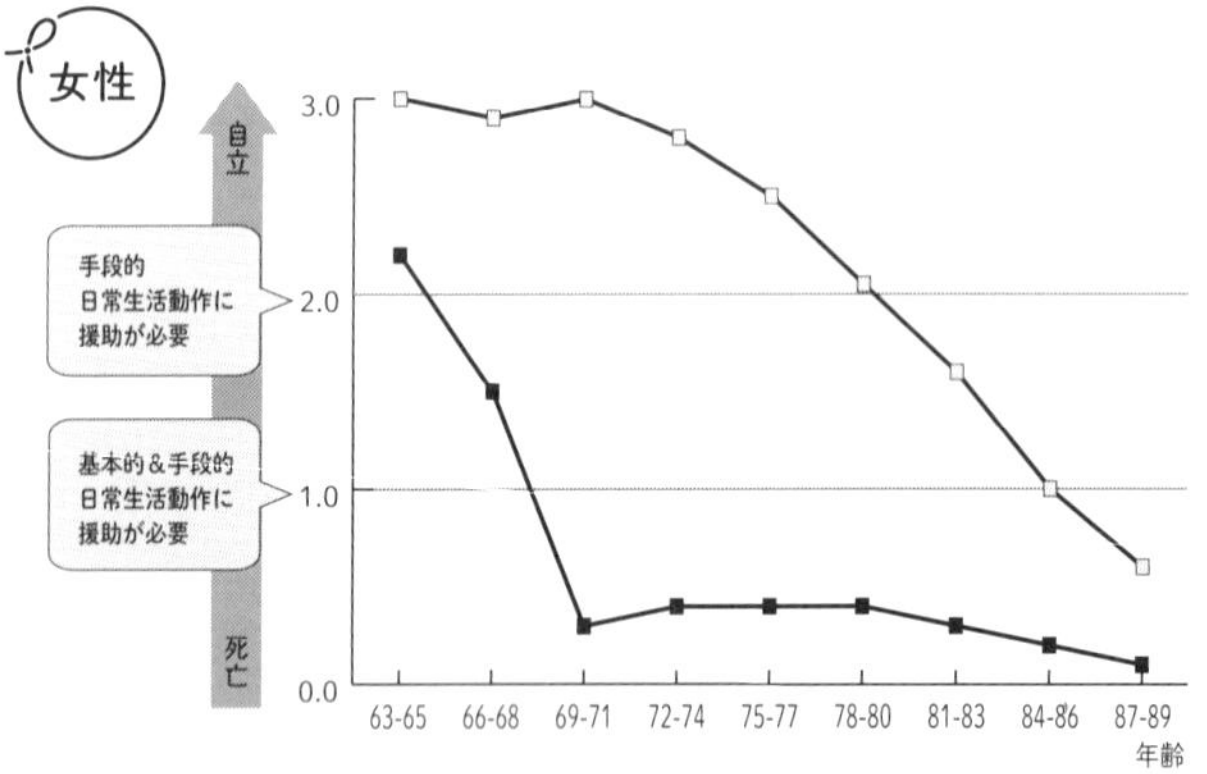

（出典）
秋山弘子「長寿時代の科学と社会の構想」（『科学』岩波書店　2010）

とはいえ、気の合う相手に簡単に出会えるわけではない、今さら趣味の活動に入って行くのも気が向かない。そんな方は、散歩や買い物の行き帰りなどによく会うご近所さんに目を向けてみるといいでしょう。

あいさつを交わす様になればしめたもの。ずっと黙ったままで過ごす毎日に少しだけ彩りが加わります。それだけではなく、もっと関係が深まれば、あなたがもし、いつもの時間に現れない場合には心配をし、公的な機関につないでくれるかもしれない、といったセーフティネットワークにもつながっていくのです。

もちろん無理をする必要はありませんし、あいさつ程度、ゆるやかな関係でかまわないのです。

その時に誤解してはいけないのが、単につながりの種類や量を増やせばいいわけではないということ。このことは、先にも触れましたが、どんなつながりを大事にしていくにしろ間違ってはいけない点です。どこにでも馬の合わない人というのはいる可能性があって、それが健康に悪影響を与えるストレッサーになることもあります。

大事なのはつながりの質なので、「気が合う」「一緒にいると楽しい」「あいさつするとちょっとうれしい」と思える人間関係を見つけていくことです。その中で特別に仲よくしようと頑張らなくても、適度な距離感で気楽につき合える知り合いや仲間を見つけることが、健康寿命をサポートすることになります。

人とつながらなくても、死にはしません。ただ、誰かといる時間があるから、ひとりの時間も楽しめるのです。なるべく健康寿命を延ばして人生の最終章を生き生きと彩るために、孤独の中で満足してしまうことのないようにしましょう。

シニアにとっての年賀状の意味

シニアのみなさんには、自分なりの方法で社会とのつながりを持って、健康寿命を延ばしていただきたい。でも、気力も落ちてくる高齢期に、自らつながりを求めて行動できる人ばかりではありません。それならせめて、まずは今残っているこれまでに築いてきた人間関係を見直すことで、人や社会とのつながりを確認してはどうでしょうか。

縮小しながらも残った人間関係は、つながりの質を考えた時には意味のあるものになります。

では、どうやって残った人間関係を大切にするのか。そこで見直すべきなのが年賀状です。年賀状は、あなたのこれまでのつながりの集大成ともいえ、人間関係の見直しに大きな役割をはたしてくれます。

多くのシニア世代にとって、年賀状は、大なり小なり面倒くさいもの、憂鬱なもの、準備が負担になるものとして認識されています。しかし、お互いの存在確認ができ、つながりを実感できるツールが年賀状でもあります。

もちろん、リアルな人間関係がきちんとまわりにあって、年賀状には大して意味を見出さないという方もいらっしゃいます。そういう方は、「大変だから」と年賀状をお休みする、またはやめてしまってもいいのかもしれません。

でも、これまでご説明したように、シニアの人間関係が、どんどん閉じていく傾向にあるなら、安易に年賀状までやめてしまうと、自分からせっかくのつながりを手放してしまうことにもなりかねません。

そうなると孤独が深まり、積極的に生きるモチベーションを保てなくなってしまう可能性も。年賀状を出すことによるストレスが負担にならない範囲内で、続けてみることをおすすめします。

個人的には、友だち、元同僚や同級生といった以前からの人間関係を大切にするために年賀状を続けつつ、ゆるやかなつながりを新たにもつことができれば、より人生を豊かにできるのではないかと思っています。

私が調査研究で出会うシニアのみなさんたちを見ていると、趣味のサークルや地域活動、ボランティアなどで出会う新しい仲間、知り合いは、物理的に近くにいて普段から気軽に会える人たちであるため、住所を教え合って年賀状を出すということまではあまりしません。

しかし、長い年月を一緒に重ねてきた人や離れていても心に浮かぶ人などは、年賀状で相手への変わらぬ想いを伝えたいと思うよう

です。そして、そういう特別感を、年賀状を送る相手と共有すること
とは、とても素敵なことだと思います

02

年賀状の存在意義とは

年賀状の在り方を問い直してみる

シニア世代に限らず、年賀状とどうつき合っていくべきかということは、誰かに教えられるものではありません。

子どもの頃に親が年賀状を出していた姿を見て、何となく年賀状というものの意味を認識していくのだと思いますが、そうすると結

局は、それぞれの家庭差や個人差があって、何が正解かはわからないままです。

言ってしまえば正解はないわけで、自分の納得できる形で年賀状とつき合っていくしかありません。

しかし「人それぞれ」で終わらせては、年賀状をどうするか迷っている方たちの解決にはなりません。そこで、ここでは一般的なシニア世代を標準化して考えてみます。

仕事を退職したシニアには、新たにつながりを得るきっかけをつかめないまま、人間関係を閉じていく人が多くいます。この人たちは、同窓会などの過去のつながりには目を向けても、地域活動など未知の場に出ていくことには、消極的な方々といえます。

そうした方々は、一度立ち止まって、年賀状の住所録をじっくり見ながら人間関係の取捨選択をしてみるといいでしょう。

年賀状は、顔すら思い出せない同級生など、よく考えると理由を説明できない人にまで出し続けているもの。ですから、つながりの質を確認しながら、本当に出したい人を自分で選んでいく。

それから、はがきで新年のあいさつをする必要があるのか、メールやSNSを年賀状代わりに活用することはできないのか、考えてみてもいいでしょう。

シニア世代の方々は、「手書き」や「郵便」というところにこだわりがちですが、その手間や費用が年金生活に負担だからといって、出すのをやめてしまうよりは、メールやSNSに負担を感じないのであれば、そういった現代のツールの活用を視野に入れてみることです。

以前は、「丁寧に用意したはがきを出さないと失礼だ」という意識が、シニアを中心にありました。しかし今は、メールやSNSでの新年のあいさつが当たり前になってきて、柔軟に受け入れられる雰囲気もできていると思います。

これまでにお話をうかがったシニア世代の中にも、「年賀状を負担に感じてやめてしまったけれど、お正月に年賀状が届かないという状態を実際に味わってみると、なんだかさびしい」という方は少なからずいらっしゃいました。

年賀状を出すことが「面倒くさい」ことは事実でも、自分の人間関係を年に一度確認する大切な手段であったということに気づくわけです。そこから、人知れず「また年賀状を出すようになった」というケースもありました。

やめてみなければわからないこともありますから、やめてみてさびしいと思えば、また始めればいい。やめても何も問題はなかったと思えば、スッキリした気分で年賀状に煩わされない年末年始を送ればいい。

そこは本当にご本人の判断次第ですが、ただ「大変だからおせち料理をつくるのをやめるわ」と同じ感覚で年賀状をやめずに、よく考えていただきたいのです。

おせちは、自分や家族が食べるか食べないか、というだけの問題ですが、年賀状はもっと奥が深く、自分の人生のプロデュースの一環であり、相手があることでもあるので、簡単に結論を急がない方がいいことなのです。

年賀状の効用

年に一度、たった一枚のはがきでのやり取り。

そう考えると、年賀状は、とても小さくて目立たない存在です。ですから、外に出ていくことが億劫になってしまったり、配偶者の介護などでとじこもりがちになったりしているシニア世代の、孤独を埋める特効薬にはなりません。

でも、年に一度でも大切な人たちと連絡を取り合えれば、何となく自分のよりどころにはなります。過去のつながりを以前と同じように維持はできなくても、確認できることが重要なのです。

そうすると、今の日常生活に欠けている部分、たとえば「輝いていた自分」「仲間と笑い合った時間」「目標のための努力」のようなものを思い出し、それが単調になりがちな日常の支えになることもあります。

さりげないようでいて、実はシニア世代にとってはよりどころともなる年賀状。よりどころになるというだけで、すでにその効用を証明しています。特にフレイルや自立度が少しずつ低下していくシニアの生活の中では、その意味を増していきます。

さらに、お話をうかがっていると、年賀状が呼び水となって電話で連絡を取り合ったり、再会が実現したりという、うれしい経験をする人も少なくありません。

最近では、電話は、コミュニケーションツールとしてはすっかり存在感が薄くなってしまいましたが、シニア世代にはまだまだ「連絡をするなら電話で」という意識は健在で、年賀状でなつかしい友人の声を聞きたくなって電話をすることは、よくあることのようです。そして話をしているうちに、距離的に可能であれば「せっかくだから会おう！」と約束をする。

久しぶりの再会は、シニアにとってはハレのイベントとなり、大いに心身を若返らせてくれることでしょう。

一方で、進学を機に故郷を出たり、転勤で距離が離れてしまったままの相手とは、いくらその時は親しくしていても、ずっと会えないままという人が多いものです。そのような人たちとは、この先も一生会えないまま、という可能性も否めません。

私は何人ものシニアのみなさんに年賀状についてのお話をうかがってきましたが、「単身赴任した土地で、一緒に仕事を頑張った上司。多分、一生会うことはないと思う。でも、年賀状は出し続けたい」というような言葉を、少なからず聞きました。

遺品整理をしたら、古い友人から来た年賀状を大事にとってあるのが見つかった。そんなことも、よくあります。おそらく、その人からの年賀状を毎年楽しみにしていたのでしょう。

会えなくても大切に想う人はいるものです。そしてそしてそういう人とつながることができる。それがその人の生きる心の支えになる。大げさかもしれませんが、年賀状にはそんな効果もあるのです。

第3章
ストレス源としての年賀状

01

多くの高齢者が口にする憂鬱

年賀状の何がストレスをもたらすのか

「年賀状を出すのは楽しい」という人にお会いすることもありますが、「でも面倒なんだけどね」という言葉が続くことからも多くの人は、程度の差こそあれ、年賀状を出すことを億劫に感じています。

強制されたわけでもないのに、追い立てられる様な気持ちになるのはなぜでしょうか。新年のあいさつというおめでたいことなのに、喜んで年賀状の準備をする気持ちになれないのは、年賀状を「出す」ということがストレスになっているからです。

どうしてストレスに感じてしまうのか。おそらく、それをきちんと考えたことのある方は少ないのではないかと思います。ストレスになる理由はあるのに、毎年なんとなく慣例ということでくり返しているので、深く考えることがないのではないでしょうか。

では、ここで年賀状がどうしてストレスになるのか、その原因について、整理してみましょう。それが、ストレスを緩和するためのヒントになります。

①年賀状を儀礼的だととらえている

日本人は、自他共に認める生真面目な国民です。世代というファクターも加えて考えると、その気質は年齢が上がるにつれて顕著であると思われます。個人差はあっても、全体的に見るとシニア世代は真面目で、「習慣や慣例は守らねばならない」「他人様に失礼のないようにする」という意識が強い。それは、日々シニアのみなさんと接する私も感じていることです。

そのようなシニア世代にとって、年賀状とは「生まれた時からくり返されてきた習慣だから、自分も続けていくべき」であり、「他人様に失礼があってはいけないから出す」ものになっています。

つまり、「出すべきもの」と刷り込まれているのです。

とはいえ、仕事のみの関係で、退職後はまったく関わりのない人がいる。今ではつき合いも薄く、大して思い入れのない人もいる。義理で出していたけれど、正直あまり気が合わない人もいる。親しいつき合いの人とは、わざわざ年賀状を出さなくてもつながりがある。

それなのに、刷り込まれた「出すべきもの」に抵抗するのもエネルギーがいるので、毎年何となくで年賀状を出し続けているのです。また、年賀状を受け取った時に、「送ってくれた相手も儀礼的に出しているな」と感じることもあります。表も裏も印刷でひと言の添え書きもないと、自分とはこの程度のつき合いなのかと、さびしさを感じる方も少なくないようです。

それでもやはり、相手から送られてくる限りは自分も出さなくてはならない、と生真面目に考えるものなのです。

出したい相手だけに出しているわけではない。送ってくれる相手も、儀礼でしかない人もいる。こんなに時間や力を割く必要があるのだろうかというジレンマが、いつの間にかストレスになっています。

②手間がかかる

若い世代同士なら、あいさつのひと言をSNSに乗せて発信するだけで、新年のあいさつが終了！　それで誰も疑問を持ちません。

しかしシニアのみなさんは、そんな簡単な新年のあいさつでは「相手に失礼だ」と感じているのではないでしょうか。

パソコンどころかワープロも一般的ではなく、個人が印刷物を発注するというような意識がなかった時代を生きてきたシニア世代の価値観では、年賀状といえば表も裏も丁寧に手書きをし、人によっては自作の絵や版画で美しく演出したはがきを出すことが当たり前だったことでしょう。

全部を手書きとまではいかないまでも、パソコンで一枚一枚プリントし、あいさつや近況を書き添える。出した相手同士があなたの年賀状をくらべる可能性はほぼゼロなのに、相手によって違うコメントを考える。長年それを続けてきたシニアにとって、ＳＮＳでみんなに向けて一斉に送信！　などということは、なかなかできることではありません。

しかし枚数が減ってきているとはいえ、体力も気力も衰えてくる高齢期に、丁寧な年賀状つくりをすることは、確かに大変な作業です。つくる前から、考えるだけで憂鬱になってしまうのも理解できます。

③費用がかかる

年賀はがきは、もちろんタダではありません。現在、一枚63円。これを、仮に100枚買うとすると6300円になります。

もちろん、何万円もかかるわけではありません。それでも「年金暮らしには負担でね……」という声もよく聞きます。

趣味の旅行には出かける、孫の七五三に晴れ着を用意してあげるなど、そんなに苦しい生活ぶりには見えない方々でも、このようにおっしゃります。それは、お金を出せないわけではないけれど、出すだけの価値を感じられないから負担に思うということなのかもしれません。

少しでも労力を減らそうと思えば、パソコンやプリンターを用意したりプリントサービスを依頼したりします。もちろん、そうした費用も発生するわけですから、「手間を減らせばお金がかかる、お金を節約するには手間がかかる」というジレンマもあるでしょう。

④「仲良し」のしがらみから抜けられない

高齢期に始めたサークルやお稽古事で、趣味や関心が近い人に出会えてよかった。と、喜んだのもつかの間、気軽なおつき合いのはずの相手から届いた年賀状に、頭を抱える人も少なくありません。

仲良しになったから年賀状を出すのは当たり前。出された側も、年明けに会った時の気まずさを考えると、送らないわけにもいかず、やり取りが始まってしまうことがあります。これは女性に多くみられるパターンといえます。「そんなに親しかったっけ？」という程度の関係でも、さらにそのサークルなどをやめてしまった後でも、相手からは、ずっと送られてくるのでこちらもやめられない。

そうなると、人間関係が閉じていくはずの高齢期に、年賀状の枚数は増えてしまうという事態になるのです。つながりが増えるのはいいことですが、気軽な関係に年賀状までひもづけされると、正直なところ疲れます。

ストレスの原因は、おおよそ以上のようなことではないでしょうか。多くの人に、思い当たる節があると思います。

もちろん、ストレスの度合いは人それぞれで、「ストレスだけど、まあいいか」と思える人から、考え込んで健康を害しかねない人までいます。一般的に考えれば、こうした年に一度のイベントごとにはどの程度のストレスがかかるものなのでしょうか。

年に一度のイベントでもストレッサーになる

ストレスの度合いを知るために参考にしたいのが、『ホームズとレイのストレス度表（社会的再適応評価尺度 Social Readjust ment Rating Scale：S.R.R.S.）』（91ページ）です。

これは、アメリカの社会学者ホームズと内科医レイによって、1967年に5000人を対象に実施された、世界的にも有名な調査の結果です。

この調査ではまず、一般的な人々のライフサイクルを中心に、過去10年間にわたる生活上の主な出来事に基づいて43項目のストレッサー（ストレス要因）をピックアップしています。

そして個人が感じるストレスの程度を、「結婚は50」という基準を設けて、それぞれのストレッサーは何点になるのかを、0〜100点の間で自己評点するのです。

ストレッサー項目ごとに、5000人の対象者の平均点を割り出し、それを「ライフイベント得点」として順位付けしたものが、この順位表です。

ホームズとレイのストレス度表

	生活上の出来事	ストレス度
1	配偶者の死	100
2	離婚	73
3	別居	65
4	留置所の拘留	63
5	親密な家族の死亡	63
6	自分の病気あるいは死亡	53
7	結婚	50
8	失業	47
9	夫婦の和解	45
10	退職	47
11	家族の一員が健康を害する	44
12	妊娠	40
13	性の問題	39
14	家族に新しいメンバーが加わる	39
15	新しい仕事への再適応	39
16	経済状態の変化	38
17	親友の死亡	37
18	異なった仕事への配置換え	36
19	配偶者との論争の回数の変化	35
20	1万ドル以上の抵当か借金	31
21	担保物件の受け戻し権喪失	30
22	仕事上の責任変化	29

	生活上の出来事	ストレス度
23	子どもが家を離れる	29
24	親戚のトラブル	29
25	特別な業績	28
26	妻が仕事を始める、あるいは中止する	26
27	学校が始まる	26
28	生活上の変化	25
29	習慣を改める	24
30	上司とのトラブル	23
31	仕事上の条件が変わる	20
32	住居が変わること	20
33	学校が変わること	20
34	レクリエーションの変化	19
35	教会活動の変化	19
36	社会活動の変化	18
37	1万ドル以下の抵当か借金	17
38	睡眠習慣の変化	16
39	家族が団らんする回数の変化	15
40	食習慣の変化	15
41	休暇	13
42	クリスマス	12
43	ちょっとした違反行為	11

もっともストレスとなるのが、100点の「配偶者の死」です。それに続いて「離婚」「夫婦別居生活」「拘留」と、想像するだけでもつらそうなストレッサーが上位を占めています。

これはアメリカの研究なので、ストレッサー項目の中に「年賀状」はありません。そこで、注目していただきたいのが42位の「クリスマス」です。アメリカでは、クリスマスにはグリーティングカードやプレゼントなどの慣例が伴うので、日本のお正月と状況が似ています。ですから、42位の「クリスマス」を「お正月」に読み替えても大きな違いはないのではないでしょうか。

ましてや、日本人よりもある意味ドライで、儀礼などには惑わされないイメージのアメリカでの調査です。

もし日本で調査が行われ、「年賀状」という項目が入っていたとしたら、「クリスマス」の12点というライフイベント得点を下回ることはないでしょう。

42位という順位、12点という得点だけで見ると深刻ではないように感じるかもしれません。ただ、ストレッサーには交通渋滞やインターネットがつながりにくいといった小さなものまであり、その中で特に挙げられた43項目の42位。この結果は、侮るなかれ、です。

また、上位にある「配偶者の死」や「離婚」などは、人生においてそう何度もあるわけではなく、43位の「些細な違反行為」もすべての人が体験するわけではありません。その中で、「クリスマス」は、毎年くり返される「誰にでもよくあること」で、43項目の中で異色なストレッサーともいえます。

日常生活が崩壊するくらいの影響を及ぼす「配偶者の死」を一回経験するのと、自分がやめることを決意しない限りはくり返される「クリスマス」。どちらが長い人生にストレスとなるでしょうか。

「クリスマス」と同じような性格をもつストレッサーとして41位、

13点の「休暇」が挙げられます。こちらがストレスとなる原因も、日常のルーティンが壊されることや、イベントをやらなければならないという社会通念に追い立てられること、家族や親しい人との距離が縮まり過ぎることなど、「クリスマス」と共通しています。

やめようと思えばやめられるはずなのに、社会通念や周囲の人間関係が邪魔をしてできないというジレンマ。1回であればたいしたことはなくても、長い目でみれば蓄積疲労のように健康をむしばみ続ける。老化に直面する高齢期には、重いストレッサーになっていくのだと思います。

年賀状も同様です。誰もが毎年、悩まされるライフイベントになっています。そして、ストレスを感じて多くの人が考えるのが、「年賀状をやめてしまうか、出し続けるか」ということです。やめるか、やめないかの2択。

でも、それだけしか選択肢がないわけではありません。2択以外に、ストレスを緩和できる方法はないのかを考えていきたいと思います。

【コラム②「大変！」と言いながら年賀状を楽しむ人たち】

シニア世代の多くの方々は、「年賀状を出すのは大変！」とおっしゃいます。でも、口では「大変！」と言いながらも、年賀状を出すのが趣味のようになっている人も一定数います。

ご自分の特技や趣味が年賀状に活かせるような人に、そのようなタイプが多いです。

たとえば書道の達人の方などは、筆で字を書くことがお好きなのですから、宛名もあいさつ文も流麗な文字で。

六十の手習いで絵手紙を始めた人は、年賀状でその上達ぶりを披露したい。ですから一枚一枚絵手紙をしたためる……。

言い換えれば、年賀状は、自分から作品をお届けできる発表の場。さらに、受け取った側から「ステキなので額に入れて飾っている」などというコメントをもらえたりすると、送ることに「達成感」や「やりがい」を感じる、とおっしゃる方もいます。

手間がかかったとしても、それが本人の活力につながるのなら、大いに結構です。

ただ、楽しむ方たちの中にも「今はできるけれど、もっと高齢になったらわからない。でも、期待してくれている人たちのために出し続けないと……」とおっしゃる声があります。

「期待に応えたい」という義務感が芽生えた時に、楽しさがストレスに変わる可能性もあることを理解しておきたいものです。

02

ストレス緩和のために

立ち止まって整理をする必要性

年賀状を「やめるか、やめないか」の2択をする前に、できることがあります。

前述した年賀状のストレスの要因を見てみると、ストレス緩和の前提としてまずやらなければならないことは、「人間関係の整理」だと考えられます。

よく関係性を考えて、自分にとって年賀状を「出したい人」「出さなくてもいい人」を見極める。それができれば、かなりストレスの緩和に近づけるのではないでしょうか。

「出さなくてもいい人」の基準を決め、例外を認めつつも、ドライに年賀状を減らすことができれば、儀礼的だと感じることもなく、枚数が減って準備する手間も減り、はがきの購買金額も減り、儀礼的な「仲良し」の輪からも抜けられます。

そうやって人間関係を整理すること自体が失礼だ、苦手だ、と考える人もいます。でも、まずこれをやらないと、鬱々とした年賀状ストレスから抜け出すことができません。

あなたが出す限り、相手も「向こうが送ってくれるから」と、とりあえず出してくれる。そんな負の連鎖をくり返しても、お互いに心がうつろになるだけです。

ものは考えようで、これからも10年、20年と生きている限り「何だかイヤだな」とストレスを蓄積していくよりも、思い切って今、頑張って大事な人をリストアップしておいた方がいいのではありませんか？

整理にはエネルギーも必要なので、あまり高齢になって体力が落ちてから一気にやろうとすると大変です。2～3回に分け、体力的な余裕があるうちに、ぜひ取りかかりましょう。

それに、年賀状だけのためでなく、人間関係の整理は終活に向けて人生をプロデュースする意味でも大切な作業です。

残りの人生を、どんな人間関係の中で生きていきたいのか。それをしっかり考えておいた方が、充実した時間を過ごせるというものです。

また、市販のエンディングノートには「友だちリスト」のような欄を設けてあることも多いものです。今、人間関係をある程度整理しておけば、最終的にこの欄に、誰を書き記すのかという目安にもなります。もっと言えば、早いうちから、最終的に残しておきたい人間関係を絞り込め、その人たちと、今後どういうおつき合いを続けていくかを考えることができるのです。

あまり大ごとに考えずに、始めてみることが大事です。出すのをやめて後悔したら、また出せばいい。それくらいのスタンスで、まずは去年までの年賀状の住所録をながめてみてください。

最初に、年賀状を出す人、メールやＳＮＳであいさつを送る人、電話などであいさつする人、年賀状でも他の手段でもあいさつをやめる人、というようにグループ分けしてみましょう。

グループ分けの基準は、人によってさまざまだと思います。形ですが、よく聞くのは、「出さない」と判断したグループに、形ばかりのつき合いの人に加えて、「親しい人」「よく会う人」、「頻繁に連絡を取り合っている人」を入れる人も多いということです。

これは「お互いに気心がしれているから」、「常に交流があるから」こそ「出す必要がない」ということのようです。

たとえば、親しくてよく会っているから、わざわざ年賀状を出す必要はない。どうせ一緒に新年会をやる仲だから、はがきでのあいさつは不要だ。それから、親しいから「年賀状って面倒くさいよね」と本音で話すことができ、出さないことを理解してもらえている、ということもあります。

思い切って「そろそろ年賀状をやめようと思っている」と友人たちに話したら、共感されて同様に年賀状をやめた人もいたというお話も聞きました。

そもそも年賀状を出すことにストレスを感じている人が多いので、仲の良い仲間内で誰かが言いだせば、案外みんな「ちょうど良かった」と便乗してくる可能性もあります。

ただし、ここで注意したいのは、「年賀状を出さない」と決めた相手には、相手の気持ちを想像しながら実行していかなくてはならないということです。くり返しますが、年賀状を出すのをやめるということは、「おせち料理をつくらない」という家庭内で完結する問題ではなく、相手が存在している問題です。そこを忘れないことがとても重要です。

「相手があるもの」だからこそ留意したいこと

年賀状はあくまでも、相手とのやり取りであり、相手がいるからこそ成り立つ習慣です。ですから自分が「出すのをやめよう！」と決めて、自分が納得しさえすればいいかと言えば、そんなことはありません。

年賀状は、相手との何らかのつながりを象徴するものです。

相手が自分の決断をどう思うか、どう反応するか、しっかりと考えて、一人ひとりの人となり、その人との関係性を思い出しながら、やめる方向へ舵を切りましょう。

その時に、どのようなことに留意すればいいのか、具体的にお伝えしておきます。

①年賀状をやめるきっかけについて説明する
やめる理由は、多くの方が実際に感じておられる「年齢による負担感」でいいと思うのですが、ではなぜ〝今〟やめることを選択したのか。

たとえば、「定年退職を機に……」「喜寿を迎えたので……」「孫も成人を迎える年となり……」「最近、体力の衰えを感じるようになり……」など、何となく誰もが共感できる理由であれば、何でもいいのです。大事なのは、自分の状況を、きちんと相手に説明することです。

②手書きのひと言を添える

今はプリントサービスで、終活年賀状のフォーマットも用意されていますので、印刷でのあいさつ文を利用するのもひとつの手です。

ただし、最後だからこそ、印刷だけで投函するのではなく、お相手を一人ひとり思い浮かべながら、その人に宛てての手書きのひと言をぜひ添えましょう。さらに、今までのおつき合いへの感謝の言葉を伝えるのも良いでしょう。

そうすれば、受け取った相手は、「機械的に削除されたわけではなく、きちんと自分のことを考えながら書いてくれたんだな」と感じるので、あなたの「年賀状をやめる」という選択を納得して受け入れてくれます。

③電話番号やメールアドレスなど、連絡先を添える

80代後半や90代になって、本当にもう高齢で人づき合いが体力的に負担だという場合は別ですが、年賀状はやめても、その相手との交流を続けるつもりがあるのなら、自分の連絡先として電話番号やメールアドレスを書き添えましょう。

さらに「年賀状はやめますが、貴殿にはこれからもぜひおつき合い願いたく、いつでもお電話やメールでご連絡をお願いいたします」のように、「あなたとの関係性はこれまで通りだと考えています」ということがわかるような一文を付け足すといいでしょう。

④直接会える機会があれば〝仕込み〟をしておく

やめるというあいさつ状を出す前に、同窓会などでこれまで年賀状を出していた人に会える機会があれば、その時に「やめようと思っている」と話しておきます。

そうすれば、あいさつ状が届いたときの唐突感がなく、すんなり受け止めてもらえます。

文章だけで伝えると冷たく感じるかもしれませんが、きちんと顔を見て話をすれば気持ちが伝わりやすいものです。言葉でフォローを入れるという意味で、あらかじめ話しておくことは効果的です。

「年賀状をやめます」が相手のストレスになる可能性

このようにいろいろと相手に留意するのは、終活年賀状が、送られてきた人にとってのストレスとなることもあるからです。

話をうかがっていると、突然、「年賀状をやめます」と伝えられて、まるで縁切り状をもらったような気持ちになった、という声も多いのです。「印刷文だけの終活年賀状をもらって、自分が切り捨てられたような気持ちになった」「こちらも高齢ながら、相手のことを想って年賀状を書いてきたのに、向こうはそれほどの気持ちがなかったのかとさびしくなった」など。

どんなにつき合いの薄い人でも不快感を与えたくないですし、仲がいいからこそ年賀状をやめようと思っても、それを理解されなかったら大切な友人を傷つけてしまうことになります。

そもそも「年賀状をやめることは失礼ではないか」という罪悪感もストレスの原因のひとつなのに、自分が相手のストレスの原因になっては、もっとつらいことになります。

だからこそ、相手の気持ちを考えて失礼のないように説明をし、相手にも納得していただくことが大事なのです。

とはいえ、本当にギリギリの状態で年賀状をやめる決断をする場合もあります。大病を患って年賀状どころではなかったり、配偶者の死でそうした大きなダメージがきっかけとなって年賀状をやめる場合には、とても丁寧な対応をしてはいられません。

そういう時には気にせず、あいさつ状もなくやめてしまっても構わないと思います。つなげておきたい大事な関係性の人たちには、おそらくダメージを受けた状況がわかっているでしょうから、理解してくれるはずです。

相手の気持ちを考えることは必要ですが、それをする余裕がない場合には無理をすることもないでしょう。

【コラム③終活年賀状をいただいても、こちらからは出し続けたいとき】

終活年賀状がかなり認知される世の中になってきて、終活年賀状を自分がいただく側になることも出てきました。実際、私のまわりにも受け取ったことがあるという人は、めずらしくありません。

そのような人の中から、「終活年賀状をいただいたけれど、とてもお世話になった方だから、自分は出し続けたい。それはご迷惑にならないだろうか?」と質問を受けたことがあります。

終活年賀状を出した方のお気持ちは尊重して、自分が年賀状を受け取らなくても構わない。でも、お相手に対する尊敬の念や感謝の気持ちがある場合、こちらからは出し続けたいと思うことは確かにあります。

それが、お相手にとってご迷惑にならないかどうか。私は、それはご迷惑ではなく、喜ばれることだと思います。

実際に終活年賀状を出したけれど、それでも年賀状をくれる人がいるというお話を何人かのシニアの方からうかがいました。その時のうれしそうな表情や口ぶりを思い出すと、決して迷惑に感じているようではありませんでした。

ただ、やはり配慮は必要です。闇雲に出し続けると、「終活年賀状を受け取っていないのだろうか?」「受け取ったけれど、気づかれておらずあえて無視されているのか？」と、不安がらせることになります。

ですから、「年賀状をやめられること、長きにわたる新年のごあいさつに厚く御礼申し上げます。ただ、私はこれからも、これまでお世話になった感謝を込めて出し続けたいと思います。出すことはこちらの想いですので、もちろん返信は結構です」ということを伝えましょう。

このような気づかいがあれば、先方に負担をかけることはありません。自分が年賀状を出さないことを理解してくれるだけでなく、出し続けてくれるありがたみを感じていただけることと思います。

そして、そういう年賀状が、人間関係が少なくなっていく高齢期には、大きな支えとなることもあるのではないでしょうか。

第4章

シニアの年賀状事情を知る

事例紹介

年賀状の何がストレスをもたらすのか

この章では、私が取材した中で知り得た年賀状事情の実例を、いくつかのケースに分けてご紹介します。

ご本人の年齢や環境、性格などによって、さまざまな年賀状との向き合い方があります。もちろんどの向き合い方が良くて、どれが悪いということではありません。

ただ、これらの実例を参考にして、みなさんご自身が納得できる年賀状との向き合い方を模索していただければと思います。

01 高齢を理由にあいさつ状を出し、年賀状から卒業したケース

ずっと頑張って年賀状を出し続けてきたけれど、もう体力的に限界だと考えて、外との交流そのものからも卒業しようという場合に出す終活年賀状やあいさつ状。

80歳代以上で、残りの人生を人と交流しながらアクティブに過ごすよりは、もう家庭内で静かに落ち着いて暮らしたいという方たちが、このような終活年賀状やごあいさつ状を出します。ですから、改めて自分の電話番号やメールアドレスなども知らせません。

いよいよ人生を閉じていくという覚悟のようなものも、そこから感じられます。

Sample① S. Mさん

《80代半ばの女性。凛とした書道の先生で、もともとは「季節のごあいさつは絶対に大切！」と力説されていた方。そういう方でも、年齢を重ねてくると「年賀状をやめる」という選択をするように》

夫婦連名での年賀状に「本年をもちまして年始のご挨拶を控えさせていただく事に致しました」とのメッセージを。

Sample② K. Nさん

《80代の女性。非常にしっかりした方で、配偶者を亡くされてからも「できることは自分でする」という強い気持ちでひとり暮らしを楽しんできた》

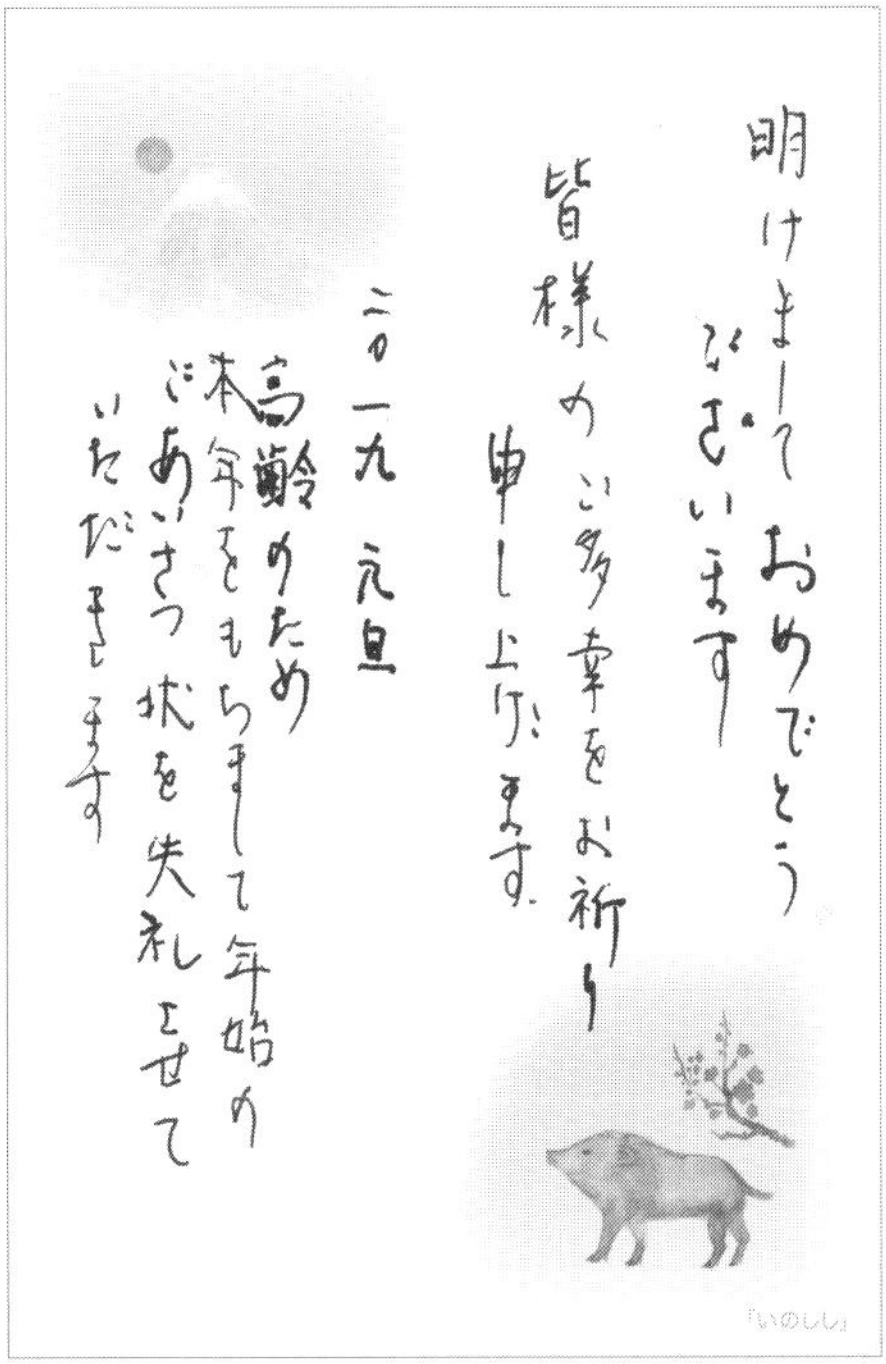
明けましておめでとう
ございます
皆様のご多幸をお祈り
申し上げます。
二〇一九 元旦
高齢のため
本年をもちまして年始の
ごあいさつ状を失礼させて
いただきます
「いのしし」

一枚一枚に手書きで「高齢のため本年をもちまして年始のごあいさつ状を失礼させていただきます」と。

Sample③　T．Aさん

《80歳代の男性。マラソン大会に出場したり、パソコンのボランティアをしたりとアクティブに活動していたが、病気を患い、今は療養に専念》

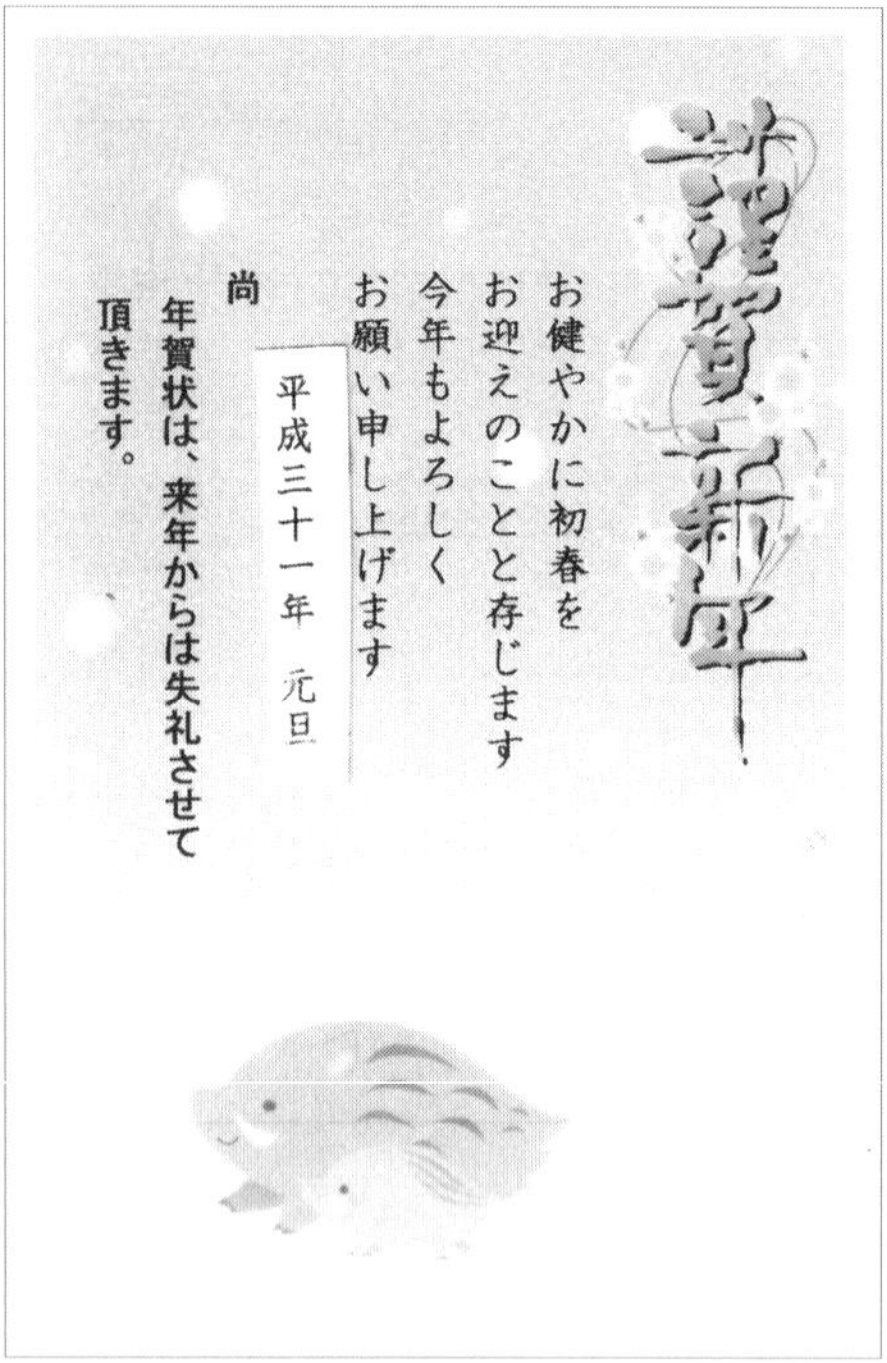

謹賀新年
お健やかに初春を
お迎えのことと存じます
今年もよろしく
お願い申し上げます
平成三十一年　元旦
尚
年賀状は、来年からは失礼させて
頂きます。

年賀状に「年賀状は、来年からは失礼させていただきます」というシンプルな一文を添えています。

02 余裕のあるうちにあいさつ状を出し、年賀状から卒業したケース

シニア世代といってもまだ60〜70代で、気力に余裕がある場合の終活年賀状やあいさつ状がこちらのパターンです。

体力・気力が低下してきたことは実感するけれども、まだまだ高齢者という意識は薄い。残っている体力・気力を、リアルな人間関係や、自分のやりたいことのために使いたい。そんなポジティブな意識で年賀状から卒業していく人たちです。

ですから、自分の電話番号やメールアドレスを書き添えて、「これでおつき合いが終わるわけではありませんよ」という気持ちも伝えています。

Sample④　O．Yさん

《70歳を迎えた男性。外資系企業出身で、活動的。数年前に、知識や経験を活かせるNPO団体に出会い、そこでの活動に追われる毎日》

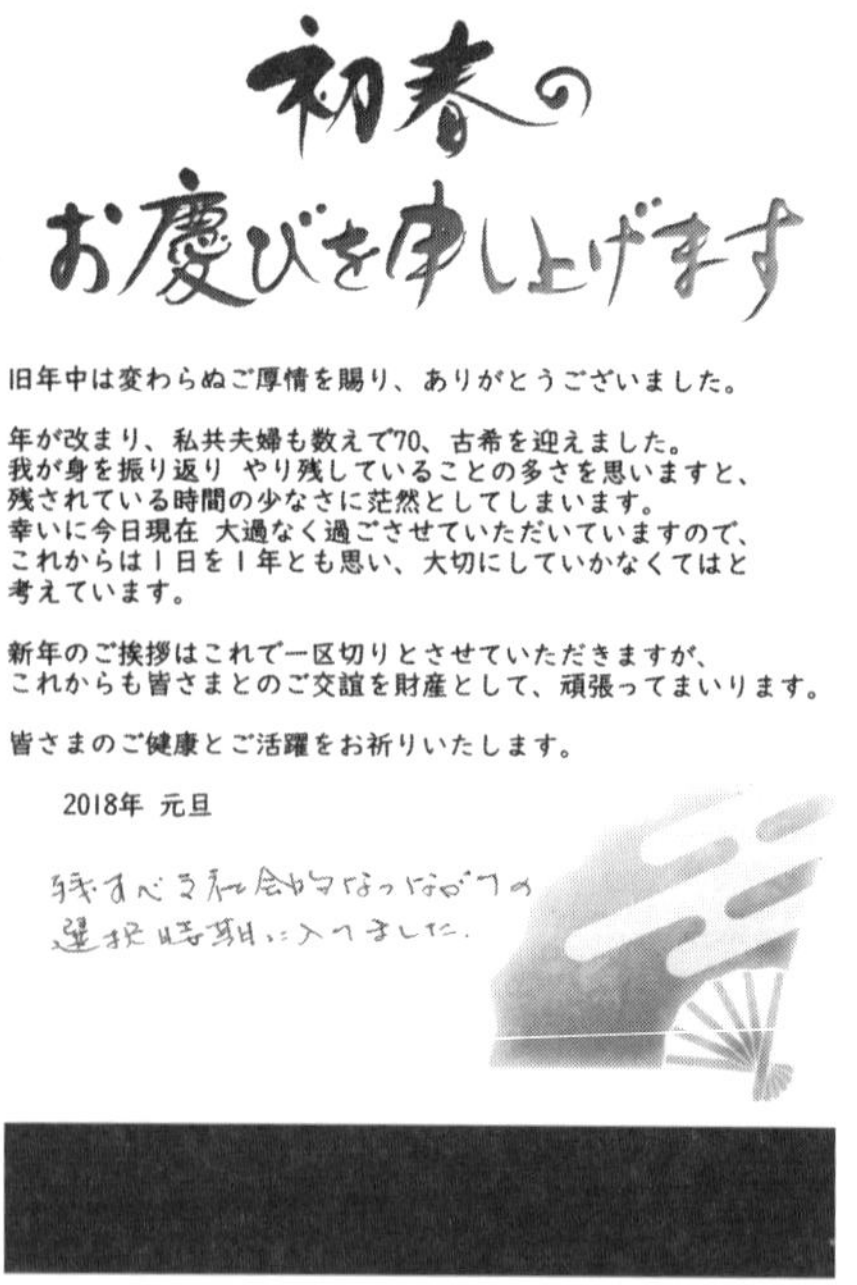
初春の
お慶びを申し上げます

旧年中は変わらぬご厚情を賜り、ありがとうございました。

年が改まり、私共夫婦も数えで70、古希を迎えました。
我が身を振り返り　やり残していることの多さを思いますと、
残されている時間の少なさに茫然としてしまいます。
幸いに今日現在　大過なく過ごさせていただいていますので、
これからは1日を1年とも思い、大切にしていかなくてはと
考えています。

新年のご挨拶はこれで一区切りとさせていただきますが、
これからも皆さまとのご交誼を財産として、頑張ってまいります。

皆さまのご健康とご活躍をお祈りいたします。

2018年　元旦

残すべき社会的なつながりの
選択時期に入ってました。

[redacted]

「新年のご挨拶はこれで一区切りとさせていただきますが、これからも～」という一文を年賀状に入れました。

Sample⑤ O.Tさん

《現役時代はゼネコンで働いていた70歳の男性。広く浅い交際よりも、気の合う少数の人とつき合いたいタイプ》

仕事関係を中心に、親戚や学生時代の友人等も含めて100枚程度の年賀状を出していました。

4〜5年前に「そろそろ年賀状から卒業してもいいかな」と考えるようになった頃、両親が他界。その喪中欠礼をきっかけに、年賀状が来なくなる人がいて、「煩わしい」「やめたい」と思っているのは自分だけではないと気づきました。

普段から定期的に会っている人にはあえて出さなくてもいいし、会っていない人にはそもそも出す意味がないと考えています。

また、これまでは年賀状の原案を自分で考え、それを働いている娘にパソコンで作成してもらっていたので、「忙しい娘に負担をかけるのも申しわけない」と思うようになりました。

「いつやめようか」とタイミングを考えていたところ、70歳になった去年、少し体調をくずしたのもあり、年賀状をやめることを決意。ごあいさつは、年賀状ではなく12月初旬に投函。ひと言添えることをあえてせずに、事務的なごあいさつにしました。

しかしメールアドレスを書き添えて出したところ、メールで会社の同期から「いいアイディアだ」という反応があったり、ずっと会えていない友人から「元気の確認なので、一方的に出し続ける」というられしい連絡をもらえたりもしました。


海外の知人とは季節のあいさつをメールでやり取りしていますが、その他の普段メールでやり取りしている人には、年賀メールをあえて出す必要もないとも思っています。

はがきだけでなくメールでの新年のあいさつも、ひとりの例外を除いてすべてやめました。

その例外とは、認知症になった大切な友人。彼にとっては、自分の年賀状だけが唯一のつながりの確認かもしれない。そう思うと、彼がどこまで理解できるのかはわからないけれど、自分が元気なうちは出し続けようと決めています。

また、妻はまだ年賀状を続けていくと言っているので、夫婦や家族の連名で出す年賀状にはそのまま名前を残しています。

拝啓
晩秋から初冬の訪れの季節になりましたが皆様方にはご健勝のことと存じます。
永らくご交誼を賜って参りましたが、来年から年賀状によります新年のご挨拶をご遠慮させて頂きたいと存じます。古希を迎えた今年から身体のあちこちに変化を感じるようになりまた。古代希なる年齢になり今までとは違いもう若くはないと言うこと実感している今日この頃です。これからは年齢とともに少しずつ色々な活動を縮小して行きたいと思い、年賀状によるご挨拶もご遠慮させていただきたいと思います。
自宅と故郷十和田との往復の生活はこれからも続きますが、いずれは故郷で隠遁生活を送りたいと思っております。
これからは携帯電話やメールなどでご連絡いただければと思います。連絡先を末尾に記載しておきますので今後ともよろしくお願い申し上げます。
敬具
平成30年12月吉日 [redacted]

[redacted]

年賀状をやめたときに送った文面がこちら。余裕ができた気力・体力を好きなひとり旅に向けています。

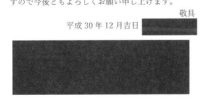

Sample⑥ H.Kさん

《アパレル関係の仕事を長年渡り歩いてきた、おしゃれな女性。現在は無職の67歳。趣味はスポーツクラブ通い》

仕事関係、友人や知人、スポーツクラブの仲間、親戚など、一番枚数が多かった時には100枚ぐらいの年賀状を出していました。印刷した年賀状は義理で出していると思われがちなので、大変でもすべて手書きで投函。かなりこだわって書いていました。

しかし、60歳の時にがんになったことがきっかけで、生活をスッキリさせたいと考えました。そこで仕事を減らし、年賀状も徐々に減らしていくことにしたのです。

まずやめたのは、職場から離れたら会わなくなった人や、こちらが送っていても、2年続けて年賀状が返ってこない人など。

元から儀礼的な習慣に疑問をもっていたので、「たとえ会えなくても、言葉だけでもつながりたい人だけに絞ろう」と考えました。他の連絡手段やおつき合いの仕方などを考えながら少しずつ絞っていくと最終的には0枚になりました。

やめる時には、相手が嫌な気持ちにならないように、現在84歳になる夫の高齢を理由にしたりもしました。

そして、一人ひとりに手書きであいさつ状を書きましたが、その際には、これまで自分が受け取っていた「やめます」の年賀状を参考にして文章を考えました。

それでも年賀状を送ってきてくれた方には、丁寧に感謝の気持ちを伝えるはがきを出しましたが、概ね「わかる、わかる」と理解してくれた声が多く、救われた気持ちになりました。

今は、スポーツクラブの仲間やよく会う友人などとはＳＮＳで年始のやり取りをしていますが、最近は「頻繁に会うのだから、ＳＮ

Sのあいさつもやめていいかも」とも思い始めています。

また、つながり続けたい人とは気持ちが向いた時に不定期にメールや暑中お見舞いなどで連絡を取っています。これは、年賀状にしばられず、自由な気持ちで交流を続けたいからです。

今後については、自分の自然な気持ちの流れに任せて、「もしまた年賀状を出したいと思えば出せばいい」と思ってます。

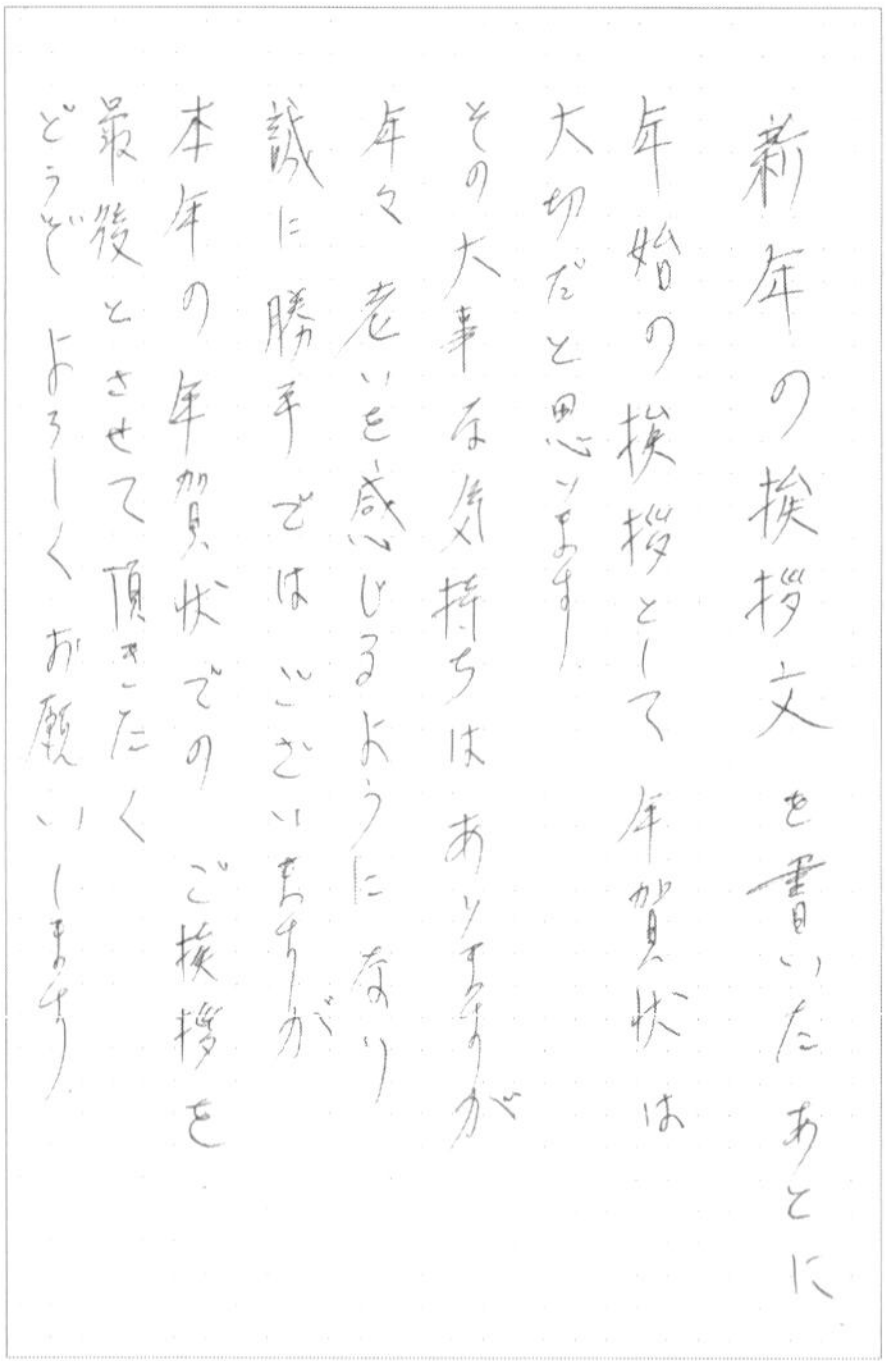

新年の挨拶文を書いたあとに
年始の挨拶として年賀状は
大切だと思います
その大事な気持ちはありますが
年々老いを感じるようになり
誠に勝手ではございますが
本年の年賀状でのご挨拶を
最後とさせて頂きたく
どうぞよろしくお願いします

一年で一気に年賀状をやめるのは無理なため、少しずつゆっくり減らしていった際の文面の一例。

03 年賀状を出す相手を厳選したケース

年賀状は、単なる習慣や義理で出すことも多いということは、誰もが感じていることです。そこで、思い切って「出す意味の感じられる相手」を見極め、残していく作業をしている人たちがいます。

多くの場合、定年退職や古希、喜寿といった自分の年齢を意識するタイミングで選別作業をしています。そして、一度に整理するのではなく、「退職したので、仕事だけの関係はやめる」「次は古希のタイミングで、残りの人生を考えて人間関係を整理する」のように、何回かに分けて厳選していくことが多いようです。

このようにして厳選していくと、残った人たちは「出せる限りは出し続けたい大切な相手」になります。

Sample⑦ U．Tさん

《転勤族としてサラリーマン生活を全う。退職後はゴルフの大会運営ボランティアで活動している、73歳の男性》

現役時代は「とにかく慣習だから」と、印刷した年賀状を250枚程度出していました。そこで退職を機に、義理で出していた年賀状を一気に減らしたところ、70枚ぐらいまでに減りました。

さらに10年前に親の葬儀で親類と会った時に、「法事や墓参りなどで会えるから、年賀状をやめよう」と提案。すると、案外あっさりと「そうだね」と同意してもらえたので、親類関係にも出すのをやめました。

親類関係の中でも目上の相手は、なかなかやめられない人が多いので、すんなりとやめることができて、親類の理解にも感謝しています。

残っている多くの人たちは、さまざまな転勤先で仕事を通じて出会い、気が合うので関係が続いている人たち。ただ、それも亡くなるなどして年々、人数は減っていきます。

このように年賀状を出す相手は、だいたい昔のつき合いの延長の人間関係ばかりなので、今のつき合いの中心であるゴルフの大会運営ボランティアの仲間などには出していません。こういった仲間には、年に数回は会えるし、ＬＩＮＥでもつながっているので、あえて年賀状を出すことはないと考えているからです。

一方で、「年賀状をやめます」というごあいさつをいただく機会も出てきました。その場合はその年だけお手紙を書いて、長年の年賀状へのお礼を伝えるようにしています。「やむを得ないかな」と思いつつ、正直なところさびしい。ですから、自分では「やめます」と宣言するはがきや手紙を送ったことはありません。

年賀メールをくれる人も20人ほどいます。しかし、自分では、はがきや手紙の方が、人情味があって良いという考えなので、こちらから年賀メールを出すことはありません。

時々、まさかの相手から年賀状をいただくと、「自分のことを想って書いてくれたんだ」と嬉しくなり、喜んでこちらからも出していきます。

現在、出している年賀状は25～26枚ほど。転勤していた頃のなつかしい関係性を残しておきたい気持ちがあり、本当に大切な人たちに絞りました。今出している相手には、相手が受け取れる状態でいる限り、自分が書けなくなるまでは出し続けたいと思っています。

Sample⑧ Y．Kさん

《IT企業の営業畑で、6年前に定年を迎えた66歳の男性。退職後は、長期の旅行など趣味を楽しんでいる》

現役時代は、ITという比較的新しい業界のためか、企業文化として「年賀状は出すべき」という雰囲気がありませんでした。いくら社風がそうだとはいえ、やはり日本で営業職として働いていると、仕事相手にまったく出さないというわけにはいかず、仕事の一環ながら自腹ではがきを購入して、かなりの枚数を出すようにしていました。しかも、必ず手書きのひと言を添えて。

6年前の退職を機に、そういった仕事関係の人にはスッパリ出すのをやめました。同時に、プライベートな関係でも印刷のみのはがきを送ってくる人や、ネット経由で連絡している人たちには、年賀状は出さなくなりました。

ネット経由の人というのは、現役時代のつながりの人がほとんど。IT企業だっただけに、メールやSNSでのやり取りにまったく抵抗感のない人が多いのです。その人たちとは、年賀状ではなくネットでのやり取りに置き換えています。

出さなくなった相手から年賀状が送られてくることもありますが、その時は電話やメールで「年賀状から卒業するつもりだ」ということを説明しており、今のところ理解をしてもらえています。

年賀状の枚数を減らした当時は、「つながりが薄くなっちゃったな」とさびしい気持ちもありました。しかし、SNSのグループなどでの年賀のやり取りもあるので、よく考えるとさびしがることもないということと気がつきました。

SNSグループなどで年賀のやり取りがあり、その中から、特に「どうしているかな」と気になる相手には、個人的にメッセージを送るようにしています。

こういった経緯を経て、今は、頻繁に会うことがなく、かつネットを使わない20名ほどの人に年賀状を出しています。こちらが年賀状を受け取るのも、ほとんどがその人たちから。普段はネット中心で人と連絡を取り合っているものの、やはりはがきでもらうと嬉しさもひとしおです。

また、夫婦での旅行が趣味のため、旅行をきっかけにつながる人たちもいます。そのように新しく出会った人たちとは、基本的にSNSでやり取りするので、年賀状を出す必要性は感じていません。

ですから、年賀状の枚数は今の20枚から増やす気持ちはありません。20人はお世話になった大切な人たちですので、メールではなくはがきでずっと出し続けたいと思っています。

Sample⑨　I．Kさん

《建設会社を定年退職した67歳。退職後も非常勤で週に2～3日は設計監理等の仕事をしている》

年賀状は、10年前までは200枚ぐらい仕事関連をメインに元の会社の人や取引先に出していました。ずっと妻が木版で干支を彫ってくれたデザインを用い、コメントや宛名は手書きで書いていました。そのため、年賀状の準備は家庭内での「一大イベント」と言えるほど大きな年末の風物詩でした。

それを、5年前には100枚程度に整理。たとえば「2年続けて返事がこない人には、3年目から出さない」など、整理する基準をいくつか決めました。

身内への年賀状は妻任せにし、さらに自然減などもあって、現在の50枚まで、段階的に減らしていきました。

また、定年を迎えて生活環境も激変。これまで長く住んでいた社宅を出なくてはならなくなり、孫の世話なども考えて東京郊外に終の棲家を購入し引っ越したからです。現在はその新たな土地で、新たなご近所関係を構築中です。

自治会に入って新たな人間関係もできましたが、そこに年賀状を持ち込むつもりはありません。ご近所でよく顔を合わせる間柄なら、年賀状はいらないと考えているからです。

しかし、もしまた、引越しをするようなことがあったら、その時は、今のご近所さんたちには出すようになると思っています。実際、引っ越し前のご近所のみなさんには、離れてから年賀状を出すようになりました。

そういう元のご近所も含めて、今出している50枚は、元同僚や仲間が中心です。中でも、30代まで過ごした福岡でのつながりを大切に思っていて、そうした大事にしたい関係性に年賀状を出すことは決して義理ではありません。

お互いに「ちゃんと生きています」「元気で頑張っています」と知らせ合うための手段として、年賀状を利用しています。

終活年賀状を出してくる人は、80歳代の人を中心に少しずつ増え始めていて、何通か受け取ったりもしています。その折には手紙で感謝と「年賀状のやり取りはなくても、つながっています」ということをお伝えするようにしています。

ちなみにインターネットの利用はしていますが、自分から積極的にSNSを利用したりはしていません。ですから、メールやSNSを年賀状代わりにするようなこともしていません。年賀メールを出すぐらいなら、年賀状をはがきで出せばいいという考えです。

今の50枚は、減らすところまで減らした結果、厳選された相手なので、自分の身体が不自由にならない限り、ひとまずは80歳まではは出し続けるつもりでいます。

ただ年齢を重ねて、ここ数年で「年賀状をやめます」という人の気持ちが理解できるようにもなってきました。

妻はエアロビクスの講師をしていて、その関係で「大変だ」と言いながらもかなりの枚数の年賀状を出しています。人間関係を縮小している自分とは逆に、どんどん広げている様子を見ると、「これは男女の性差の違いなのかな」と感じることもあります。

Sample⑩ N.Sさん

《55歳で大手メーカーを早期退職し、つき合いのある個人企業に転職して68歳で退職。現在は76歳の男性》

68歳で現役を引退するまでは、仕事のつながりなどを中心に120枚ぐらいの年賀状を出していました。木版で、宛先も手書きです。

自分のポリシーとして、つき合いや義理で出してくる人をより分けるために、あえて元日ではなく2日、3日になってから年賀状を出すようにしてきました。

自分に対して義理で出そうと考える人は、遅く届けばそのうち返信しなくなっていきます。自分がこういう習慣であることを理解して、義理ではなく本当に出そうと考えてくれる人は、こちらからのはがきがいつ届くかに関係なく送ってくれるものです。

またそもそも年賀状は、江戸時代には「年始に届くもの」ではなくて「年始に書くもの」だったので、その本来の意味を大切にしたいという理由もありました。

現役時代からそのようにしてきたので、自然減とあわせてだんだん枚数は減っていって、今は学生時代の友人、親戚、恩師、会社の先輩や同僚を中心に60枚程度に絞られました。

年賀メールをくれる人もいますが、気持ちがこもっていないように感じてしまい、個人的には好きではありません。

以前は、年賀状は〝慣習〟だと考えていましたが、出す相手を整理し、義理ではない関係性の人にだけ出すようになった今は、年に一度、元気であることをお知らせする手段だと考えています。

相手も同じ価値観なので、お互いに年賀状を楽しみにしています。

学校卒業以来会っていない友人でも、大切な人だからつながりを伝えたい。そう思えることが大切だと考えています。

終活年賀状も受け取るようになりましたが、その中でも気心の知れた人には、「こちらは出したいので出しますが、お気になさらず」と書き添えて一方的に出しています。

そのようにして出していた方が亡くなって、遺族の方から「いただいた年賀状が、大事にファイルされていました」とうかがったことがあり、「出していて良かった」と思いました。

今出している60枚は、自分が元気なうちは、ずっと出し続けるつもりです。

Sample⑪ B.Mさん

《リストラの部署にいたので「人をやめさせるのなら自分も」と58歳で退職。今は、妻や仲間との旅行が楽しみという67歳の男性》

在職中のストレスがひどく、何もする気がおきなかったのですが、そろそろ退職して10年になるので、地域活動か何か、できることを始めようと思っています。

年賀状は慣習として続けてきましたが、社会とのつながりという意味では必要なものかもしれないと考えています。

会社を辞めた時点では、仕事関連を中心に180枚ぐらいの年賀状を出していました。そこでまず、つき合いたくない元上司に出すのをやめました。それに加えて、年賀状が来た日を記録しておき、「3年間、4日以降に届いた人」には出さないことにしました。

そうやって減らした結果、今は60枚程度が残っています。年賀メールをくれる人がひとりだけいますが、自分はあえてはがきで出しています。

本当は全部やめたいと思いましたが、特に親しい人でなければ、年賀状以外のやり取りはありません。やめてしまうと、それこそ社会とのつながりを減らしてしまう気がするので、これからも出し続けると思います。

単に慣習だと思っていた頃と違って、今は年賀状をもらうと、「この人生きているんだ」「元気なんだ」と、温かい気持ちになります。

もし本当に年賀状から卒業しようと思えば、２０１４年12月に心筋梗塞になって手術した時がそのチャンスでした。でも、厳選した人たちとのつながりは大切にしたい。

ですから結局、退院する前から「どんな年賀状にしようか」とアイデアを練り、退院後すぐに出しました。

自分が「心筋梗塞を乗り越えて、元気ですよ!」とアピールしたい気持ちもあったと思います。年齢を重ねると、年賀状は自分が元気であることを知らせる手段になることを実感しました。

この3~4年で、「やめます」という終活年賀状を受け取ることも増えてきました。そうした方には「出したら迷惑かな」と思いながらも、こちらからは出し続けています。「気にかけてもらえてうれしい」と言われたことがあるので、おそらくこれからも出し続けると思います。

04 取捨選択を継続中のケース

人間関係を整理して年賀状を減らしたいと考えても、その作業を簡単に進められるわけではありません。

特に、まだ頑張れば今までの相手に全部に出せる60代。気力や体力面に大きな問題がなければ、迷いに迷った結果、今年も減らせなかったという人も少なくありません。

人間関係は、ドライに割り切ったりあっさりと線引きできたりするものではないからこそ、取捨選択が難しいのです。

Sample⑫ W．Hさん

《昨年、銀行を退職したばかりの66歳男性。現在は地元の環境ボランティアでリーダー的存在。遠方に住む親の介護も担っている》

年賀状を一番多く出していた時は、おそらく250枚ぐらいは書いていていました。昔からパソコンで、目上の人、仲間、年下、親戚などカテゴリーごとに6種類ほどのデザインをつくり、相手の顔を思い浮かべながら手書きで言葉を添えて出しています。

ですから現役時代は、本当に大変でした。

昨年の退職を機に、まずは仕事のみでつき合っていた人には「年賀状をやめます」とあいさつ状を送りました。

また、1月5日以降に届いた人や、印刷のみでひと言も書き添えられていない人は、儀礼的に送ってくれる相手だと判断したので、同様にあいさつ状を出してやめることにしました。

あいさつ状には、「退職したのでやめたい」という文章に加えて、

LINEなどの連絡先を添えました。それは、「これで関係が終わりというわけではない」ことを理解してもらいたかったからです。

あいさつ状を出しても、年賀状を送ってくれる人もいます。そのような人には、判断が難しく今後どうするか悩んでいるところです。

とはいえ、現在は、何とか150枚まで減らすことができました。最終的には100枚ぐらいまで減らしたいと思っています。そのために、メールやLINEができる友人・同僚・部下には、会う機会があるたびにネットでのあいさつを提案したり、年賀状にメールアドレスを書いてそちらに誘導したりしています。

しかし、年輩や上司、恩師といった目上の方々には、近況を伝えるためにも年賀状を出しています。自分でできる範囲で続け、こちらからやめることはしないつもりです。

高齢による終活年賀状も受け取りますが、自分が関係を続けたいと思う人には、あえてこちらからは出しています。施設に入所された方にも、「こちらは勝手に出しますが、気にしないでください」と伝えて、出し続けています。

年賀状を減らしたい気持ちはあるのですが、一方で大切に思う気持ちもあります。毎年、年賀状をながめていると文面の変化で相手の病気を察知することもあって、「年賀状はつながっている相手の安否確認なんだ」とも考えるようになりました。

また、年賀状がきっかけで、電話をしたり会ったりもするので、そうしたうれしい交流の種まきでもあります。

昔から手紙を書くのが好きで、年賀状は一年に一度、短くても自分の気持ちを伝える手段ともなるので、普段やり取りする電話やメールとは違うコミュニケーションのツールだと思っています。

妻は介護系の仕事をしているうえにサークル活動をたくさんしていて、今でも200枚ほど出しているようです。

妻の年賀状は、シルクスクリーンで製作しているので、かなり負担があってやめたいと言っています。しかし、「やめたら○○さんとは唯一のつながりを失ってしまうから……」など、ドライに割り切ることができずに、一度は枚数を減らしたものの、結局は増えてしまっています。

今、夫婦で「どうすれば枚数をもう少し減らせるだろうか」と考えているところです。カテゴリー別にパターンを変えるのをやめたり、妻のシルクスクリーンの年賀状をやめてみたりして、「それに気づかない相手はやめてはどうか」など、いくつかやめる基準を模索しています。

05 あいさつ状を出さずに年賀状から卒業したケース

年賀状にあまり重きを置かず、リアルな人間関係を大切にすればいい、と考える人たちもいます。

特にあいさつ状で「年賀状をやめます」と宣言しなくても、リアルにつき合いのある人には会った時や連絡を取り合った時に少しずつ「年賀状をやめようと思っている」と直接伝えることにして、理解を得ているようです。このタイプの人たちは、あまり「年賀状を出すべき」「やめるならあいさつ状を出して失礼のないように」ということにこだわらず、自然の流れに任せるスタンスをとっています。

あいさつ状を出さずにやめたとしても、大切な人にきちんと想いが伝わっていればいいのかもしれません。

Sample⑬ K.Eさん

《外資系の専門商社に勤務していた69歳男性。海外とのやり取りも多く、現役時代の知識やコネクションを活用して趣味の会などを開催》

もともと友人、親戚、会社関係を中心に250枚程度の年賀状を出していましたが、退職時に仕事で名刺だけのやり取りをしていたような人には年賀状を出すのをやめました。

結婚はしていますが、子どもはいないし、関西出身で、関東の自宅近くには親戚もいないので、年末は海外で過ごすことにしています。これまでは、年明けに帰国してから届いた年賀状を確認して、出していなかった人には出すようにしていました。

先方から遅れて届くと、返信が松の内が明けてからになってしまうということもあって、だんだんと年賀状そのものを出さなくなっていきました。

年末は海外にいることを知らない人には、寒中見舞いや電話で、その都度返事が遅れることを説明していましたが、後から出すのも連絡するのも、負担になっていました。それで、その負担感が、出さないという決断につながりました。

それから、会社絡みのおつき合いで出していた人、印刷だけの人も「年賀状を出さなくていいかな」と、どんどんやめていきました。手書きでコメントをくださる人には出していましたが、字に自信がないため妻の代筆でした。

友人や仲間で年齢の近い親しい人とは、ネット上でやり取りしているので、年賀状はあえて必要ないと思います。親戚も先輩も次々に亡くなっていくし……。

そんな想いが重なり、何年かかけて減らしていった結果、2019年の年賀状から完全にやめました。

仕事だけでなくプライベートでもつながっている人には、メールなどで少しずつやめることを伝えておくなど、あいさつ状は出しませんでしたが、ある程度の配慮はしたつもりです。

外資系企業勤務ということもあって、元からお正月のあいさつには重きを置いていませんでした。それを周囲も知っていたので、「年賀状をやめる」と伝えても「まあ、いいんじゃない」という程度の反応で、すんなり理解してもらえたと思います。

海外の人とは、グリーティングカードをSNSやメールで送り合っていたので、「年賀状をどうしようか」という対象には入りません。

やめて困ったことがひとつだけ。それは、友人・知人が亡くなったことを知る手段を、ひとつ失くしたことです。
喪中はがきではなく、喪中メールがあればいいと思っています。

Sample⑭ Y．Rさん

《化粧品会社の営業部長で、海外出張などもこなしたキャリアウーマン。社交的な女性で、現在は75歳》

定年退職をきっかけに、仕事のみのつき合いの人には、年賀状を出すのをやめました。

それでもまだ、いろいろな人が残っていました。親戚、元の職場の仲間、学生時代の友人、退職後に始めたシャンソンの仲間、ジムの仲良し、子どもの友だちの親、趣味の旅行で一緒になり親しくなった人……。それだけで100枚ぐらいにはなりました。夫が出す分も合わせると、350枚ぐらい。

5年ほど前から、友だちや仲間から「年賀状をやめます」の手紙や年賀状が増え始めたので、「そろそろ自分もかな」と思うようになりました。

たとえば、毎年「会いましょうね」と書いておきながら、実際に会うことなんてない。そんな表面的なやり取りに負担を感じていたのです。

ですから、同窓会などで友人に会うと、「お互い、やめない?」「メールか何かでやり取りしない?」と話し、枚数をだんだん減らしていきました。

2017年に乳がんが見つかり、その夏に手術。病気を乗り越えるのに精いっぱいで、その年は2018年の年賀状を準備する余裕がありませんでした。年賀状はいただきましたが、返事をするような気持ちにはなれず、そのままになっていました。

ただ返事を出さないことへの罪悪感はありました。でも、思っていたほどではなく、「自然の流れのまま、このままでいいかな」と考えるようになりました。結局、出せる状況になりましたが、２０１９年もそのままです。

こちらが出さないので、いただく枚数も減って来て、今は50枚ほど受け取っています。このまま、自然に減っていくのを待っている状態です。

もちろん、病気のことを知っている人は、理解してくれていると思います。

夫はきちんと出したいタイプなので、連名で出していたところには夫が出し続けています。自分の名前だけ抜いたら変に思われるので、そこは、このまま夫に任せるつもりです。

年賀状を出していた頃には、すごくお世話になっている人に対しては、先方から来ない場合でも気にせずに、こちらからは出していました。

私自身は病気がきっかけで年賀状をやめましたが、もしかしたら、また年賀状を出したくなることもあるかもしれません。そうしたら出せばいい。自然に任せればいいと思っています。

Sample⑮ H.Sさん

《キー局勤務を経て、40歳からは地元ケーブルテレビ局で企画・取材・発信までこなすアナウンサーとして活躍。現在72歳の女性》

現役時代はシルクスクリーンで手づくりの年賀状を出していましたが、60歳で退職する時に、プライベートでつながりのある50人程度に出す人を絞ったのが、年賀状整理の第一歩でした。

ちょうどこの頃、「今までは、深く考えずに出し続けてきたけれど、年賀状って本当に必要なのかな？」と考え始め、年賀状に割く時間をもっと他のことに使いたいと思うようになったのも、年賀状を整理をしたきっかけのひとつでした。

そして、よく考えた結果、「やめる」と決め、実際に会ったりメールなどで連絡をしたりする友人や親戚には、徐々にその想いを伝えるようにしました。

周囲で「年賀状をやめる」と言い出したのは私が初めてでしたが、否定的な反応はなく、むしろ「そうか、やめてもいいんだ」と共感して、同様にやめると決めた人がたくさんいたほどです。

今、絞り込んだ50人程度の人たちには、近況を書き添えた年賀メールを出しています。

趣味を通して知り合った新たな仲間や知人には、最初から年賀メールを送ると決めて、それを徹底しています。

ただ配慮すべき方々はいて、それは年上の親戚と娘の嫁ぎ先です。年上の親戚に関しては、先方の価値観を尊重して亡くなるまではがきで出しました。また、娘の嫁ぎ先には「お互いにやめませんか?」といったん提案してみたのですが、先方からは送ってきてくださるので、やはりこちらからもはがきで出すことにしています。

結局、今は、娘の嫁ぎ先にだけ一枚、年賀状を毎年送っています。お中元やお歳暮も同じですが、こういったものは、相手の価値観というものがあるため、それを尊重した結果、必要だと思えば出すようにしています。

第5章 本当の意味での終活年賀状

01

自分なりの年賀状を考える

年賀状は、プライベートなもの

若い人たちは別として、多くの日本人が当たり前のようにおつき合いの一環として出す年賀状。それほどまで生活に浸透していながら、年賀状ほどにとらえ方や感じ方に幅があるというコミュニケーションの手段はめずらしいのではないでしょうか。

よく考えれば、「年賀状の出し方・受け取り方」など誰かに学校で習うわけではありません。どうするべきかという正解もありませんし、その家庭によってはもちろん、その人によって、さまざまに違いのある習慣なのです。

それに、誰がどの程度の交友範囲に出すかなど、話す機会もありません。「私には○○さんから年賀状が来ないけれど、あなたには来ますか?」なんて、つき合いを人とくらべてみるような話は、しにくいですし、実際にそういった話もされないものです。

つまり、その実態をまわりに確認できない。本当にプライベートなものなのです。だからこそ、人それぞれでいいとも言えます。

それを、シニアのみなさんの多くは「社会通念として出すべき」と思っているわけです。

元気な時は、その社会通念に追いついていこうとするだけの気力・体力がありました。しかし、年齢を重ねていけばそうもいきません。そして、つらくなるといわゆる断捨離をしてしまう。

しかし、本当にそれでいいのかどうか、人間関係という視点から少し考える時間を設けてみることも大事なことだと思います。

断捨離と年賀状

断捨離の一環として、年賀状をやめてしまう。そういうシニア世代の声は多くなっていますが、「断捨離」と「年賀状からの卒業」は同じものなのでしょうか。

「断捨離」は、2009年刊行の『新・片づけ術「断捨離」』（やましたひでこ著　マガジンハウス）によって広く知られるようになった言葉です。片づけ術の本から広まった言葉だから、ほとんどの人は断捨離を単に「モノを捨てて片づけること」ととらえています。

しかし、断捨離の本当の意味は、自分にとって不要なものやプラスにならないものと、自分に本当に必要なものをきちんと区別して取捨選択するということです。残りの人生を豊かにすることが目的で、やみくもに何でも捨てればいい、という考え方ではありません。

年賀状も同じです。

年賀状という存在、そして出す相手、それらと今後どうつき合っていくべきか。十把一絡げに年賀状をばっさりやめてしまうというのは、自分の今後の人生とも、きちんと向き合っていないようにも思えます。

年賀状は、まず相手がいる、相手の気持ちがあるものです。そして自分自身、「やめてスッキリした！」と思っても、一抹のさびしさを感じている人もたくさんいます。

思い切ってやめたけれど、もっとよく考えれば良かった。そう後悔する方も多いのです。

もちろん、年賀状という習慣そのものに重きを置いていないとか、もっとリアルな関係を大切にしているから意味がないと思うとか、本当に年賀状から卒業して構わない方もいらっしゃいます。それはそれで、自分で納得できればいいのです。

ただし、そうでないシニア世代がたくさんいらっしゃるのを、私は見てきました。

断捨離の提唱者、やましたひでこさんは、断捨離の方法を3段階に分けて説明しています。

Step1　今、使わないモノは捨てる。

Step2　今、使っているモノを残す。

Step3　残したモノの中から、これから使いたいモノを選び抜く。

年賀状を出す相手についても、この断捨離の考え方に当てはめてみましょう。

Step1　今、特に思い入れのない人に出すのはやめる。
Step2　今、思い入れのある人を残す。
Step3　残した人の中から、これからも大切に思う人を選び抜く。

まさにこれです。
そうやって、年賀状を出すべき人は誰なのかをよく考えると、年賀状をやめるのかやめないのか、誰に出すのかといった年賀状に関する悩みの大部分は解消されるのではないでしょうか。

02

年賀状のハッピーなやめ方、ハッピーな続け方

マインドチェンジのすすめ

シニア世代にとって、残された人生の時間は貴重なものです。だからこそ、年賀状をやめるにしても続けるにしても、ハッピーな方法を模索したい。その時に大切になってくるのが、マインドチェンジです。

高齢になればなるほどに、これまでの人生で積み上げてきた財産は多くなります。新たな財産をつくり出す気力や体力が減っていく

中で、今までの財産を総動員することで、残りの時間が豊かなものになっていく。ここでいう財産とは、お金や物だけではなく、人間関係も意味しています。

自分にとって思い入れのある、意味のある人間関係を取捨選択し、その人たちといかにつながり続けるかを考えた時に、年賀状の存在は無視できないものになります。ここで真面目なシニアほどに見られるのが、「ねばならない」の決めつけです。

その「ねばならない」からの脱却に必要なのがマインドチェンジです。

これまでシニアの方々からお話をたくさんうかがってきました。多くの方が、年賀状を「出すべきもの」であり、「メールやSNSを年賀状代わりにするのは失礼」「印刷だけの年賀状は心がこもっていない」「3～4日遅れて届く年賀状は儀礼でしかない」と思い込んでいました。

そして、それを負担に感じているわけです。

ですから、ここは思い切って、今まで思い込んできたことから解放されてみるというのはいかがでしょうか？

出すのも出さないのも自由。

出す相手も自由。

出す方法も自由。

出す内容やタイミングも自由。

すべて自由でいい。

そんなふうに、自分の中でマインドチェンジをしてみるのもありだと思います。

仕事や子育てを通して「お世話になるから」「失礼があってはいけないから」という義理の関係から解放され、自分中心に物事を考えられるようになるのが、高齢期の素晴らしいところです。自分の心地良さを優先して構わないのです。

ただし、人間関係は相手ありきのこと、バランスを考える必要があります。人の気持ちに配慮せず、関係が悪くなるとそれもストレスです。

だからこそ、年賀状をやめるのであれば配慮が必要になります。自分の気力・体力に余裕があるのなら、「年賀状をやめるからといって、つき合いまで終わりではない」ことを相手に伝えましょう。

実際、やめた方の多くはあいさつ状を送っています。

それも手書きにするとか、フォーマットにひと言手書きで添えるとか、連絡先を入れるとか、誠意が伝わるようにしています。

あいさつ状を出さない場合でも、なるべく口頭で想いを伝えておくなど、何らかのアクションは起こしていることが多いです。
それが、その後の人間関係を壊さない「ハッピーなやめ方」になると思います。

人間関係の整理のタイミング

年賀状を続けていく場合、ほとんどのシニアは人間関係の整理をしていました。やはり、儀礼的に出していた分までずっと出し続けるのは、負担だという考え方が一般的なのでしょう。

負担を減らせば、ハッピーに続けられるというわけです。

では、どのタイミングで整理をすればいいのか。私は、気力・体力に余裕のある、できるだけ早い段階でまず第一弾の整理を始めることをおすすめします。

仕事をされてきた方なら、退職時が最適です。仕事での儀礼的なつき合いは、ここで一気に整理します。お話をうかがった方々も、ほとんどが退職時にかなりの枚数を減らしています。

専業主婦の方はなかなかタイミングがつかめないので、夫の退職時に一緒に整理をするというのもひとつの方法です。仕事のつき合いはなくても、ＰＴＡなど子どもを通して一時期おつき合いのあった人など、今では儀礼的になっている間柄の人もいるでしょう。

そして一度で済ませずに、少なくともあと1回、場合によってはあと2回、3回と、時間を置きながら整理していくといいでしょう。時間が経てば、人間関係が変化するばかりでなく、気持ちが変化することもあります。そうした変化に合わせた整理が、また必要となってくるものです。

第二弾以降のタイミングは、「古希」「喜寿」など年齢の区切りを利用することです。他に、体力の衰えや配偶者との死別等のタイミングで見直しをする人もいますので、その人にとっての区切りとなるなら、まあ、何でもいいと言えます。

何かきっかけがないと腰が重いかもしれませんが、自分なりのタイミングを見つけてください。そして、やめた相手にまた出したいと思ったら、柔軟にその気持ちに従えば良いのだと思います。

人生のプロデュース

人生100年時代、多くの方が長寿を全うする時代とも言い換えられます。モデルもない中で、長い高齢期の時間をいかに生きるかが一人ひとりに問われています。

生き方は人それぞれなのはもちろんですが、本人が求める限り、その人なりの豊かな人間関係の中で歳を重ねられる社会であってほしいと思います。

今までは、学校、職場と、どこかしらで長い時間を過ごす居場所があった人も、仕事をリタイアしたら家庭やこれまでのつき合いの中に居場所を見つけていかなくてはなりません。

若い頃のように、積極的に世界を広げたり、親密な関係を築いていこうとしなくても、ゆるやかなつながりが外にあればいいのですが、それがなかなか難しい。

人間関係が縮小していく高齢期は、どうしてもひとりの不安や孤独と向き合わざるを得ない部分があります。そんな時に、「お守り代わり」になるのが年賀状だと思うのです。

逆に、自分で居場所をつくり、高齢期の日常を充実させていけるのなら、年賀状に関わる時間は負担になるのかもしれません。

自分の人生を納得できるようにプロデュースしていく。

その過程で、年賀状という「誰もが知っている古くからの慣習をどうするか」というテーマに向き合ってみることが、実は本当の終活でもあり、自分の人生のプロデュースしていくことでもあるのです。

今後の残された自分の人生をより豊かにプロデュースするためには、ぜひ一度立ち止まり、どんなふうに年賀状と向き合うのかを考えてみてください。

あとがき

人生100年時代、多くの人が長寿を全うする時代に求められるのは、自分の人生を「プロデュース」するという視点です。かつての「きんさん・ぎんさん」になる可能性が誰にでもある今、生き方や終わり方に悩む人も少なくありません。

そこでシニアを中心に流行っているのが「終活」です。家族の負担軽減のために墓じまいをしたり、葬儀の準備をしたり、心身が衰えてしまう前にケアの付きの住宅やコンパクトな駅前のマンションに転居する人をよく見かけるようになりました。

そこまではいかずとも、身軽になりたいと、写真を整理したり、使わない家財を処分したり断捨離に取り組む人も少なくありません。

そんな動きを受けてでしょうか、「体力や経済的に負担」「儀礼的なものはストレスになる」という理由で、年賀状をやめるシニアも増えています。

しかし、いきおいでやめた結果、会えなくても細く長くつながっていた故郷の仲間や転勤先の元同僚との関係が途絶えて孤独感を感たり、早まったと後悔する声を聞くことも少なくありません。

年賀状をやめることは、単なる家財や慣習の整理ではありません。これからの生き方を豊かにするために、それまでの人間関係を整理し、本当に大事な関係を残していく作業といえます。

そこまで考えて年賀状とのつき合い方を決めるシニアがどのくらいいるでしょうか？　私は、豊かな歳の重ね方を追い求める学問「老年学」の視点から、年賀状を通じた人生のプロデュース方法を提案したいと考え、この本を出版しました。

豊かな歳の重ね方、人とのつながり方の答えはひとつではありません。この本が、年賀状とあなたの今後の関わり方の一助になれば幸いです。

最後になりますが、本書を執筆するにあたり取材に協力をいただいたみなさま、終活年賀状を提供くださったみなさま、ライターの尾﨑久美さん、編集担当の長谷川華さんに心からの感謝をお伝えいたします。

２０１９年　澤岡詩野

著者略歴

澤岡 詩野（さわおか しの）

1974年神奈川県横浜市生まれ。（公財）ダイヤ高齢社会研究財団主任研究員。専門は老年社会学。武蔵工業大学建築学科卒業、東京工業大学社会理工学研究科博士課程修了。ハードとソフトの両面からコミュニティを考えるという視点で、知り合い以上、友人未満の「ゆるやか」な人間関係のうまれる場の在り方を模索している。近年では、豊かに歳を重ねるための交流手段としてのインターネットの可能性について、精力的に調査研究を行っている。

後悔しない「年賀状終活」のすすめ

2019年11月20日　〔初版第1刷発行〕

著　　者　澤岡詩野
発 行 人　佐々木紀行
発 行 所　株式会社カナリアコミュニケーションズ
〒141-0031　東京都品川区西五反田6-2-7
ウエストサイド五反田ビル3F
TEL　03-5436-9701　FAX　03-3491-9699
http://www.canaria-book.com/
印 刷 所　株式会社クリード

取材・文／尾﨑 久美
編集協力／長谷川 華
装丁・DTP制作／津久井直美

ISBN978-4-7782-0462-4　C0036